Luke Mockridge

Mathe ist ein Arschloch

Luke Mockridge, Jahrgang 1989, ist ein deutscher Comedian und Autor. Seit Mai 2013 führt er durch die monatlichen „Nightwash"-Live-Shows im Kölner Waschsalon (EinsFestival). 2013 war er im Moderationsteam der TV-Comedy-Show „Occupy School". Im Oktober 2013 wurde er beim Deutschen Comedypreis als „Bester Newcomer" ausgezeichnet. Luke Mockridge tritt regelmäßig mit seinem Soloprogramm und in TV-Shows auf.

Luke Mockridge erhielt 2013 von der Emma den Preis „Pascha des Monats". Er betrachtet das als Freifahrtschein, in diesem Buch auf umständliche Formulierungen wie „Schülerinnen und Schüler" zu verzichten.

Ein Dank für Ideen und Mitarbeit an:
Sofia Darimont, Milena Domzalski, Greta Dittmer,
Meike Schlotfeld, Luisa Trilck

Lektorat: Oliver Domzalski
Redaktion und Text-Mitarbeit: Anna Herberhold
Herstellung: Wiebke Düsedau
Umschlaggestaltung: Christiane Hahn
unter Verwendung einer Fotografie von Stephan Pick
Layout und Satz: Christina Hucke
Druck und Bindung: GGP Media GmbH, Pößneck

FSC
www.fsc.org
MIX
Papier aus verantwortungsvollen
Quellen
FSC® C014496

ISBN: 978-3-551-68431-8

Inhalt

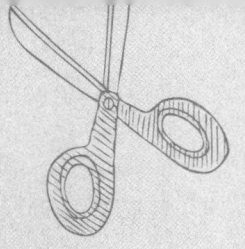

Vorwort

Mathe war, ist und bleibt ein Arschloch! Ein Riesen-arschloch! Pythagoras, Cosinus und Kurvendiskus-sionen braucht man NIE! In keinem Beruf der Welt … gut, vielleicht als Mathelehrer! Ich hatte teilweise richtig Angst vor Mathe. Naja, teilweise? IMMER! Aber auch wenn das Schulgebäude für viele ein mit Angst gefüllter Ort ist, steckt doch auch viel Lustiges drin. Ich habe mir zum Ziel gesetzt, diesem finsteren Ort durch mein literarisches Meisterwerk seinen Schrecken zu nehmen.

Bei meinen Recherchen (gut, ich hab mich halt mit ein paar Leuten über ihre Schulzeit unterhalten) ist mir übrigens aufgefallen, dass wir ALLE auf dersel-ben Schule waren! Wir hatten alle den einen Lehrer, der permanent Filme gezeigt hat, aber nicht wusste, wie der Videorecorder funktioniert; wir hatten alle Nasenbluterkids in der Klasse; wir kennen alle die Jungs-hassende, Wendy-lesende Pferdebitch, die in Tränen ausbricht, weil sie ne Zwei minus schreibt – und wir hatten alle einen Kevin. Wir kennen die „Lass-mich-mal-bitte-abschreiben"-Dialoge, den Menschenhandel beim Fussballteam-Wählen im Sport-unterricht („Wir tauschen 2 Mädels gegen Bruno"), die ersten Parties, die sinnlosen Overheadprojektoren und die Panik, die ausbrach, wenn man mal ins Lehrerzim-mer musste (Ging nur zu zweit – „Du klopfst, ich rede").

Ich bin mir sicher, dass hier für jeden was dabei ist –
egal, ob aktueller oder ehemaliger Schüler, ewiger
Blaumacher, Lehrer, Hausmeister oder Hobbit. Da ich
selbst ADS-Kind ohne Ende bin … haha, warte mal, ich
muss gerade mal auf YouTube was gucken … GEIL, der
Panda hat voll geniesst … genasst? Genossen? Keine
Ahnung, hab in der Schule nie aufgepasst. Egal, wegen
ADS und so kannst du dieses Buch einfach irgendwo
aufschlagen und loslegen, wieder weglegen und
irgendwo wieder anfangen! Ganz anders als wie bei
Mathearbeiten kannst du hier nähmlich nichts falsch
machen!

Jetzt leg los, blätter
dich durchs Buch und
staune darüber, wie
genau ich auch deine
Schule kenne …

Ich hoffe, du hast beim
Lesen genausoviel Spaß
wie ich beim Schreiben.
Und freu dich auf den
Penis :-)

Luke

A WIE AUFSTEHEN

Wie steht es schon in der Bibel? Im Anfang war das Wort „Aufstehen jetzt endlich!", nachdem man neunmal auf die Snoozetaste gehauen hat und Mama dreimal die Treppe hochgeschnauft ist zum Wecken. Morgens das warme, gemütliche Bett zu verlassen, um in die Schule zu gehen – das ist ein Deal, der auf dem Papier ziemlich beschissen klingt. Aber wir tun es Tag für Tag, um uns ein Guthaben zu erarbeiten, das irgendwann mal gegen einen Krankfeier-Tag eingelöst wird.

s. S. 10!

Ich weiß auch nicht wieso, aber nachdem man sein warmes, kuscheliges Bett verlassen hat, obwohl man es zuvor inbrünstig zum besten Ort der Welt erklärte, stellt man sich in die Dusche und hat plötzlich einen neuen Lieblingsort. Eine warme Dusche an einem kalten Wintermorgen ist so ziemlich das Geilste, und auch diesen Ort möchte man nie mehr verlassen.

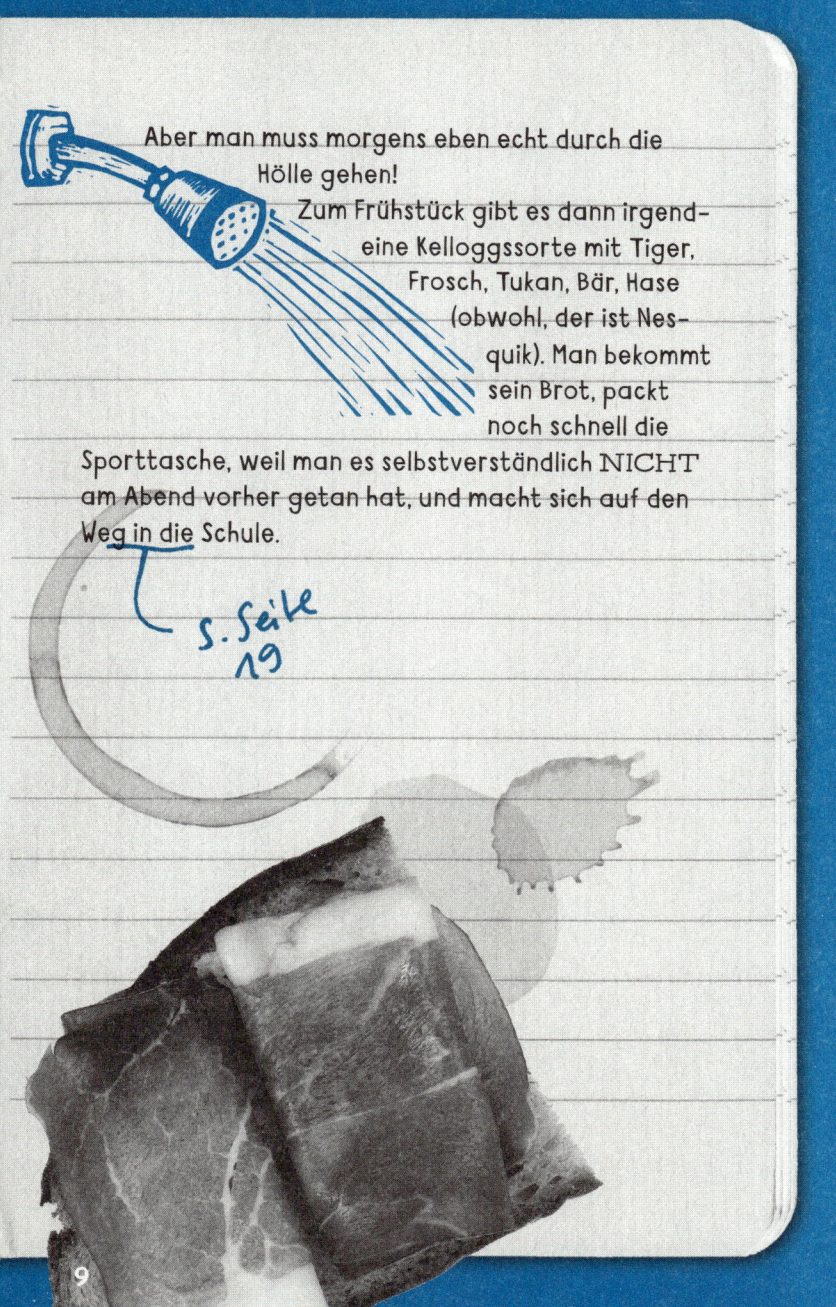

Aber man muss morgens eben echt durch die Hölle gehen!

Zum Frühstück gibt es dann irgendeine Kelloggssorte mit Tiger, Frosch, Tukan, Bär, Hase (obwohl, der ist Nesquik). Man bekommt sein Brot, packt noch schnell die Sporttasche, weil man es selbstverständlich NICHT am Abend vorher getan hat, und macht sich auf den Weg in die Schule.

s. Seite 19

Krankfeiern für Profis

Wenn die Eltern morgens ins Zimmer kommen, hat man 7-11 Sekunden Zeit, um sie zu überzeugen, dass man krank ist. Dafür braucht man Disziplin und schauspielerische Grundkenntnisse. (Es ist also ist davon auszugehen, dass Til Schweiger nie krankgefeiert hat.)

Krankheit	Regieanweisung	Text	Klappt nicht	Klappt
Kopfweh	Handrücken auf Stirn, verzerrtes Gesicht	„Mach das Licht aus!"	Nach Party	Nach Party mit Eltern
Regelschmerzen (nur für Mädchen sinnvoll)	Angezogene Knie, verschränkte Arme	„Kannst du mir ne Wärmflasche machen?"	Bei Mama	Bei Papa
Depri	Augen rotreiben, leidend gucken, ca. 30 zerknüllte Tempos nebens Bett schmeißen	„Lass mich!"	Bei Papa	Bei Mama
Grippe	Husten, Schniefen, heiseres Röcheln, Fieberthermometer auf die Heizung	„Mir tut alles weh! Und ich glaub, ich hab Fieber!"	Vor Mathetest	Bei Grippewelle (Radionachrichten verfolgen!)
Fuß verstaucht	Tapfer versuchen aufzustehen, stöhnend wegsacken	„Ich glaub, es geht wirklich nicht. Mist verdammter! Heute hatte ich echt mal Bock!"	Vor Schul-sportfest	Wenn ihr gleich nach der Schule in die Ferien fahren wolltet

Das Lehrerkind

NAME: Dana, Juliane, Anja

AUSSEHEN: Recht normal, eher angepasst, ordentlich, bieder, Pferdeschwanz, trägt karierte Röcke

----

BELIEBTHEIT:
●●●●○○○○○○

BESONDERE MERKMALE:
Man traut ihr kaum; sie lästert viel über Mutter/ Vater, um Anschluss zu bekommen; wird selten von den Eltern unter- richtet, aber es genügt, dass sie morgens auf dem Lehrerparkplatz aus deren Auto aussteigt; unternimmt viele Verrenkungen, um nicht „Mama, Papa oder Herr/Frau XY" sagen zu müssen; manche Jungs versuchen die „Lieblingsschwiegersohn-Masche"; rebelliert irgendwann extremst.

ZITATE: „Ich werde halt morgens gebracht, aber wir reden nie im Auto!" • „Mir egal, ich will eh die Schule wechseln."

ZITATE ÜBER SIE: „Wenn die einmal zuhause das Maul aufmacht, sind wir alle gefickt ... lad die nicht ein!"

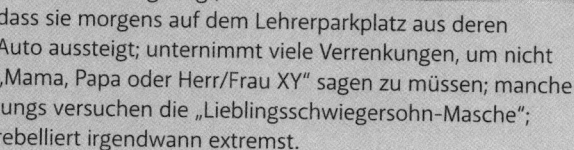

Die „perfekte" Entschuldigung...

1
Sehr geehrte Frau Besebek,

Luke konnte gestern leider keine Hausaufgaben machen, weil nach dem Fernsehen immer Schlafenszeit ist.

2
Lieber Herr Lehrer,

meine Tochter meint, dass Sie sich besser ein paar Tage lang nicht sehen sollten.

3
Wegen einer Mittelohrentzündung konnte Maltes Familie erst 2 Wochen später von Teneriffa zurückfliegen. Wir bitten, diese Fehlzeit zu entschuldigen.

4
Tobias' Opa ist, anders als in der letzten Entschuldigung geschrieben, doch noch nicht tot. Er wünscht seinen Enkel bei sich in St. Moritz zu sehen.
Tobias kann deswegen nicht am Unterricht teilnehmen.

...zum Selbermachen

Sehr geehrter Herr Direktor,

------------------- konnte --------------------

nicht ----------- weil -------------------------

leider ----------------------- mit Blaulicht

----------- unerwartet ----------- Lebensgefahr

------------------------- mehrere -------------

letzten Worte ----------------------- hat/ist.

Morgen ist ------- wieder da.

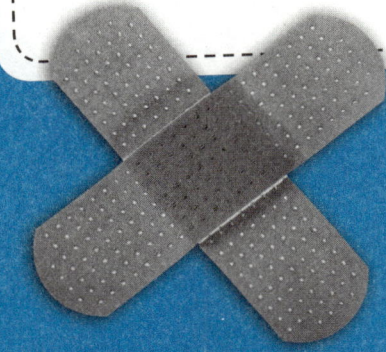

Tödliche Fehler am 1. Schultag

Wie man aus einem normalen Erstklässler einen ewigen Loser macht

Pudelmütze im Sommer — D

Augenpflaster mit doofem Sticker — B

Rosa Schultüte mit Pony drauf — C

Stinkekäse auf dem Schulbrot — G

H

Schlüssel oder Geldbeutel um den Hals

F

A

In die Hose gepinkelt

Wollpulli mit Schneemann drauf

Gummistiefel im Sommer — E

* Foto zeigt nicht Philipp Lahm

14

L9 LEHRERTYPEN

Die Mutter

NAME: Sehr deutsch: Meyer, Schmitz, Müller oder Heinemann

ALTER: 45-55

FÄCHER: Deutsch, Geschichte, Mathe, Englisch

AUSSEHEN: Klein, rund, gemütlich

BESONDERE MERKMALE: SUPERNETT, faire Noten, die würde man gern in Mathe haben, ihre Kinder sind auf der Schule, intakte Familie, macht viel Urlaub, hat auf der Klassenfahrt geraucht (Riesenschock!), pickt sich 2-3 raus, die sie hasst und fallenlässt!

ZITATE: „Guten Morgen, ihr Lieben, also ... puh, was ne Luft hier drin, mach mal einer ein Fenster auf!" • „War einer von euch mal in Lech skifahrn ... da fahr'n wir über Ostern hin!" • „Also wenn ihr die Steigung errechnen könnt, sollte der erste Teil der Mathearbeit kein Problem sein (zwinkert mit den Augen) ... das hab ich jetzt nicht gesagt!"

ZITATE ÜBER SIE: „WAS?! Die mag dich nicht!? Die mag jeden!" • „Ich hatte voll Glück! Ich hatte die von der 5-7 und dann als Klassenlehrerin bis zur 10!" • „Die is echt cool!"

B wie Bücher

Bücher sind überall im Schulalltag! Ob Klassenbuch, Schulbuch, Tagebuch oder die Buche auf dem Pausenhof (für diesen Wortwitz gehöre ich öffentlich hingerichtet). Das Klassenbuch allerdings war das heilige Dokument jeden Jahrgangs.

Das Ding funktionierte in etwa wie ein Facebookprofil – es standen praktisch nur Lügen drin. Wenn Lehrer eintragen sollten, was in der Stunde besprochen worden war, wurde komplett geblufft. Man hatte zum Beispiel in Erdkunde 12 Minuten über Fußball, 8 Minuten über den Vorfall mit Tim aus der Neun, 6 Minuten über das anstehende Schulfest, 4 Minuten über Schüleraustausch, 2 Minuten über den längsten Fluss Italiens, 8 Minuten über den Italienurlaub des Lehrers und nochmal 5 Minuten über Fußball gequatscht. Im Klassenbuch stand unter „Inhalt der Stunde": „Das Flusssystem der oberitalienischen Ebene".

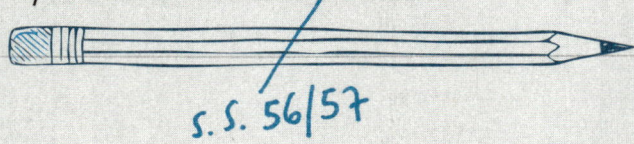

s. s. 56/57

Schulbücher hingegen wurden am Anfang des Jahres ausgeteilt – aber erst, nachdem der aktuelle Zustand notiert worden war. Manchmal kannte man auch den Vorbesitzer und konnte bereits erahnen, was alles im Buch klebte und siffte. Natürlich war es Pflicht, sich eine Plastikschutzhülle für sein Buch zu holen, was genau von vier Leuten umgesetzt wurde: den drei Pferde- und Ballettmädchen und einem Glückspilz, bei dem die Vorgängerin die Schutzhülle drangelassen hatte. Am Ende des Jahres bekam man sein Zeugnis erst dann, wenn die Lehrer für ALLE Bücher per Unterschrift den tadellosen Zustand bestätigt hatten. Irgendwie bekam dann aber doch (leider!) jeder sein Zeugnis, und verlorene Bücher wurden nach den Sommerferien irgendwie vergessen! Meine Bücher waren übrigens immer im Topzustand ... ich hab sie nämlich nie benutzt!

Der Ich-hab-gar-nicht-gelernt

NAME: Christopher, Moritz, Lukas, Fabian

AUSSEHEN: Hässlich in der Unterstufe (Zahnspange, schlechte Frisur). Outfit halb spießig, Hemd und Cordhose, geht manchmal mit seiner Mutter „cool" shoppen. Komplette Transformation in der Mittelstufe: Wird eitel.

BELIEBTHEIT: ●●●●●●●○○○

BESONDERE MERKMALE: Sehr guter Schüler, was er aber runterspielt, um cool zu sein. Lässt einen bereitwillig abschreiben. Bei Mädchen beliebt, gutes Elternhaus, hustet beim Rauchen, spielt Hockey und Klavier, Freundin ist 2 Stufen unter ihm.

ZITATE: „Kein Bier für mich ... ich bin da ... äh ... allergisch gegen!" • „Du schuldest mir noch einsfünfzig!" • „Nee, schreib lieber nicht bei mir ab, ich hab eh alles falsch!"

ZITATE ÜBER IHN: Mädchen: „Der is eigentlich ganz niedlich ..." • Jungs: „Voll der Penner!" • Lehrer: „So, guckt mal, Kinder, der Christopher hat's verstanden!"

Der Schulweg

Ich bin zu spät. Wieso bin ich immer zu spät?
Und heute hab ich in der 1. auch noch Frau Kiesewetter.
Die KÖPFT mich! SCHNELLER RENNEN!

Schweiß in den Augen. Mögliche Ausrede? Fahrrad kaputt
... hatte ich letzte Woche schon. Hatte mein Buch vergessen ... lässt die Schreckschraube nicht gelten. Der Bus war
zu spät ... alle wissen, dass ich nicht mit dem Bus fahre ...

Buskinder kommen NIE zu spät, und wenn, dann alle
gleichzeitig! Das glaubt ihnen dann selbst die Kiesewetter.
Außerdem hat man auf der Busfahrt immer total viel Zeit,
um Hausaufgaben zu machen. Hin UND zurück. Totaler
Luxus. Gut, die müssen immer echt früh aufstehen. Das
nervt.

Ich bin viel zu spät aufgestanden. Schon wieder. Mich
weckt aber auch keiner! Mama und Papa sind schon lange
arbeiten. Keiner von denen nimmt mich im Auto mit! Da
KANN man ja nur zu spät kommen.

Ich stehe außer Atem vor der
Klassentür. Meine Hand zittert
sich zur Klinke. Hilft ja nix. Tür
auf, reinmarschiert. Oh oh, die
Kiesewetter ist schlecht drauf.
„Entschuldigung, dass ich zu
spät ..." „Sei still, ich wills gar
nicht hören, Jonas! Wie kann
man denn als Kind des Haus-
meisters in der Schule wohnen
und IMMER zu spät kom-
men?!"

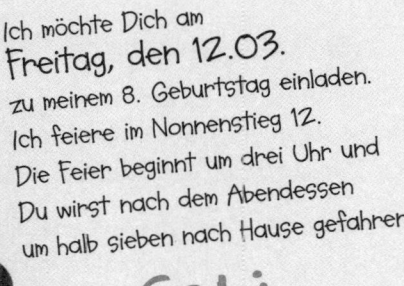

Ich möchte Dich am
Freitag, den 12.03.
zu meinem 8. Geburtstag einladen.
Ich feiere im Nonnenstieg 12.
Die Feier beginnt um drei Uhr und
Du wirst nach dem Abendessen
um halb sieben nach Hause gefahren.

Sebi

Weil Sebi acht wird, darf er acht Kinder
einladen. Thilo ist nicht eingeladen. Um kurz nach drei
sind alle da. Erst werden Geschenke ausgepackt und mit
der neuen Playmobil-Burg gespielt. Um halb vier geht's
los zur Schnitzeljagd. Nicole heult, weil sie ihre Mütze
nicht findet. Der Schatz ist ein mit Alufolie beklebter
Schuhkarton voller Süßkram und ist im Baumhaus versteckt. Alle gehen zurück ins Haus, weil Felicitas früher
abgeholt wird. Drinnen wird Topfschlagen gespielt. Bruno
hat Nasenbluten. Um fünf gibt es Muffins und Kakao und

Geburtstagskuchen und
Schaumküsse, und direkt
danach Fischstäbchen mit
Pommes zum Abendes-
sen. Pascal kotzt. Nach
dem Essen bekommt
jeder noch eine Butter-
brottüte mit Süßigkeiten
und alle werden nach
Hause gebracht.

Der Schwule

NAME: Herr Schäfer, Herr Winkler, Herr OhmeinGottchen (ok, vielleicht nicht ganz)

ALTER: Na na na, das weiß keiner ;-)

FÄCHER: Musik, Kunst, Deutsch, Englisch, Französisch

AUSSEHEN: Schlank, Tendenz männlich, aber zugleich sehr gepflegt, Haare gegelt, Kontaktlinsen oder unfassbar schmales Brillengestell; teure Gürtel, Schuhe und Hemden.

BESONDERE MERKMALE: Nicht offiziell schwul, unterrichtet meist Unterstufe, eigentlich sehr nett, aber manchmal unfassbar gehässig.

ZITATE: „Hallo, ihr Lieben?!" • „Komm, heute machen wir einfach mal draußen Unterricht!" • „So, und wer von euch starken Burschen hilft mir jetzt, eine Karte aus dem Kartenraum zu holen?"

ZITATE ÜBER IHN: „Der ist doch schwul, oder?" • „Der mag mich voll ... also nicht so jetzt !" • „Aber der hat doch ne Frau, oder?" • „Mein Vater meint, der wär 100 pro schwul!" • „Ich hatte den in der 5 als Klassenlehrer ... war super!"

C wie Chemieraum

Das erste Mal Chemie. Man betritt einen Raum, den man nur vom Hörensagen kannte oder mal durch ein Fenster vom Schulhof gesehen hat. Der Raum, in dem kleine Reagenzgläser stehen, der Raum, in dem Schutzbrillen zuhause sind, der Raum, der Warnschilder hat, weil er gefährlich ist. Der Raum, der in jeder Sitzreihe ein Waschbecken mit Gas- und Wasserhahn installiert hat!!! WARUM!?!? Muss den Steuerzahler tierisch viel Geld gekostet haben, die in jede Schule einzubauen und extra dafür Leitungen zu verlegen. Wenn man ehrlich ist, hat man diese Apparatur in seiner Schullaufbahn vielleicht zweimal benutzt. In der 1. Stunde hat JEDER an dem Wasserhahn gedreht, was SOFORT vom Lehrer verboten wurde. Dann verlor das Ding auch komplett seinen Reiz und man fand Knopperspapier, Peniszeichnungen und Müll darin.

$$Zn + CuSO_4 \rightarrow ZnSO_4 + Cu$$

Für ein paar Wochen waren die Experimente da vorne ganz interessant – vor allem, wenn was explodierte und es danach dermaßen nach faulen Eiern stank, dass alle Mädchen fast kotzten. Die Lehrer stanken übrigens immer so.

Irgendwer behauptete dann irgendwann, wir müssten die Formeln auswendig lernen, um Chemie als LK belegen zu können, womit das Interesse endgültig erloschen war. Dass das Zeugs, mit dem wir den Chemieraum fluteten, H_2O hieß, habe ich aber behalten. Was der komische Name allerdings soll, ist mir nie klargeworden.

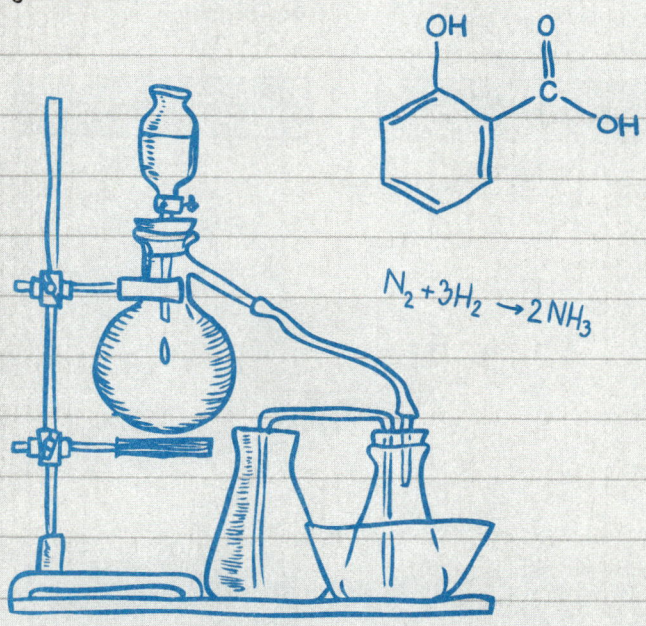

$$N_2 + 3H_2 \rightarrow 2NH_3$$

Geschwister

auf derselben Schule – gut oder schlecht?

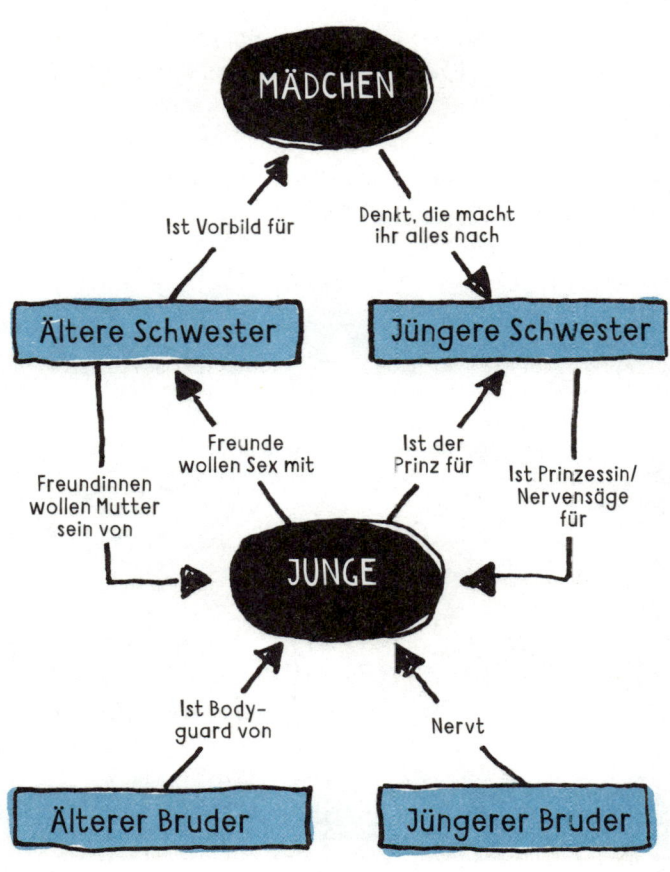

MÄDCHEN

Ist Vorbild für

Denkt, die macht ihr alles nach

Ältere Schwester

Jüngere Schwester

Freundinnen wollen Mutter sein von

Freunde wollen Sex mit

Ist der Prinz für

Ist Prinzessin/ Nervensäge für

JUNGE

Ist Body- guard von

Nervt

Älterer Bruder

Jüngerer Bruder

S10 SCHÜLERTYPEN

Die Hipsterbraut

NAME: Zoe, Lana, Leo

AUSSEHEN: Dünn, stylish, Carhartt-Mütze, Cardigan, Röhrenjeans, Röhrenfernseher, Nasenpiercing, cool, heiß.

BELIEBTHEIT:
●●●●●●●●●○

BESONDERE MERKMALE: Älterer Freund, Jutebeutel, sehr beliebt, selbstbewusst, Schulsprecherin, traut sich, mit dem Direktor zu diskutieren, steht auf Programmkinos, macht LOMO-Fotos und schwarz-weiße Automatenfotos, kommt gut mit Jungs klar, was manchmal zu Eifersüchteleien unter den Mädchen führt, hält sich von Tratsch fern.

ZITATE: „Leute, chillt mal, wir sind doch nicht im Mädcheninternat." • „Mein Freund hat gerade Semesterferien." • „Ich war bei Rock am Ring und hab drei Tage nicht geduscht."

ZITATE ÜBER SIE: „Wenn ich mal in ne WG ziehe, wäre die ne coole Mitbewohnerin" • „Die war die ganze Zeit aufm Jungszimmer – die hat doch 'n Freund." • „Mit der kann man auch mal gut einen saufen gehen!"

Ronald McDonald© lädt Dich am Mittwoch, den 24.8. zu Katharinas supertollen McDonald's© McRiesengeburtstag© ein!!!

Gefeiert wird in der Filiale „Raststätte Bergkuppe" und die Sause beginnt um 15:30 Uhr. Deine Eltern können Dich um 18:00 Uhr wieder abholen. Freu Dich auf eine McTastische© Zeit!

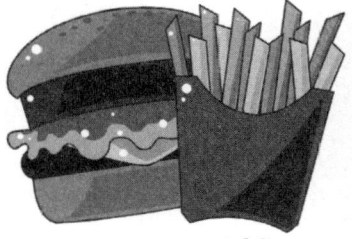

Dein Ronald©

Katharina wird 11 und feiert bei McDonald's. Thilo ist nicht eingeladen, weil er Hausverbot hat. Zur Begrüßung gibt es eine Cheeseburger-Torte. Katharina bekommt eine Pappkrone auf und wird den ganzen Tag mit „Eure Geburtstagshoheit" angesprochen. Nicole heult, weil sie auch eine Krone will. Dann kommt Ronald McDonald mit Pommes und 6er McNuggets für zwischendurch. Pascal kotzt bei der Küchenführung. Später wird auf dem Spielplatz McFish-Angeln ohne Hände gespielt. Der Sieger bekommt einen Gutschein für ein Spar-Menü. Felicitas wird vor dem Essen abgeholt. Alle dürfen sich selbst Burger belegen. Bruno hat Nasenbluten. Zum Abschied kriegen alle eine Juniortüte zum Mitnehmen.

Die Ungebumste in den Wechseljahren

NAME: Unpassende Doppelnamen, z.B. Frau Abels-Jacobi, Frau Schulte-Franz, Frau Sommer-Chevalier

----

ALTER: GEHEIM

FÄCHER: Französisch, Englisch, Geschichte, Biologie

AUSSEHEN: Klein, unscheinbar, zu enge Jeans, einfarbige Wollpullover, manchmal kleine Brille auf der Nasenspitze

----

BESONDERE MERKMALE: Frustriert, läuft ab und an weinend raus, leichte Arbeiten, kann sich nicht durchsetzen, bringt private Probleme mit in die Schule, überorganisierte Klassenfahrten.

ZITATE: „Ihr müsst die Arbeit schreiben, nicht ich!" • „Jetzt seid bitte still!" • „So Luke, das war's! Raus vor die Tür ... nein, raus! Raus hab ich gesagt! Gut, dann bleib auf deinem Stuhl sitzen, aber hör auf zu quasseln!" • „Ich bin genervt!" • „In English, please!"

ZITATE ÜBER SIE: „Die hat bei uns mal so geheult, dass sie danach ne Woche nicht in die Schule gekommen ist." • „Ich hatte die 3 Jahre in Englisch und stand immer so 2-3. Jetzt hab ich den Meyer und bin voll gefickt!"

D

wie Doppel-D

Wir hatten sie alle in der Klasse – die mit den Riesen-hupen! Dachten wir jedenfalls. „Mindestens Doppel-D" hallte es durch die Jungs-Umkleide, wenn Teresa in der vorangegangenen Sportstunde beim Handstand das T-Shirt mal wieder nicht richtig in die Hose gestopft hatte, sodass sie es plötzlich überm Gesicht hatte und ein sportlicher BH mit pubertären Brüsten zum Vor-schein kam. Masturbationsmaterial für die nächsten 5 Monate! Dabei waren sie in Wirklichkeit wesentlich kleiner als Doppel-D – aber niemand von uns wusste, wie groß die Dinger eigentlich sind und sein sollten.

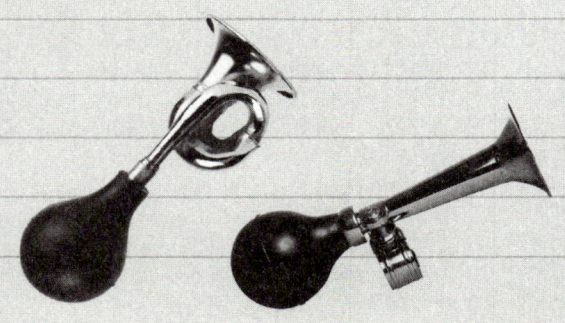

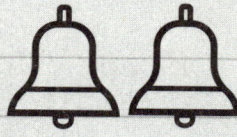

siehe Seite 78

Doch Kevin war sich sicher: „Mindestens Doppel-D!".
Für Teresa war das meist eine Katastrophe, weil sie
a) von Jungs und männlichen Lehrern nur auf ihre
(immerhin bereits sichtbaren) Brüste reduziert wurde
und b) von allen Mädchen der 7. Klasse gehasst wurde,
weil sie schon Brüste hatte. Wenn man manchen
eifersüchtigen Mädels glauben durfte, waren sie
sogar „gemacht".

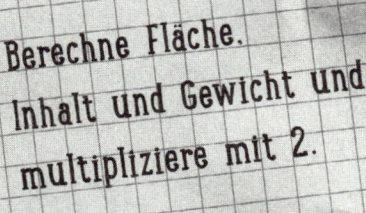

Berechne Fläche.
Inhalt und Gewicht und
multipliziere mit 2.

Die Möchtegern-Depressive

NAME: Constanze, will aber Emilia, Rose oder Bella genannt werden

----

AUSSEHEN: Bisschen Emo gekleidet, nicht ungeil, klein, gefärbte Haare

----

BELIEBTHEIT: ●●●●○○○○○○

BESONDERE MERKMALE: Heult auf Parties, wenn betrunken, beklagt sich über ihr „Scheiß-Leben", kommt aus gutem Hause, rebelliert, will intellektuell wirken, deshalb bisexuelle Erfahrungen als Profilschärfung, hat anscheinend Riesenprobleme mit ihrer Mutter; denkt, sie könne voll gut singen.

ZITATE: „Meine Mum ist manchmal echt behindert." • „Ja klar hab ich mit der Beccy geknutscht und ich würde es wieder tun."

ZITATE ÜBER SIE: „Die geht bestimmt krank ab in der Kiste." • „Ey lass die, die hat voll Probleme!" • „Ah, die hat heute wieder voll geheult … keine Ahnung warum. Irgendwas wegen ihrer Mom und weil ihr Meerschweinchen irgendwie krank ist."

WAS LIEGT AN?

Jedes Bild unseres Assoziationsrätsels
gibt einen Hinweis, was wir suchen.
Zusammen sollten sie genügen.

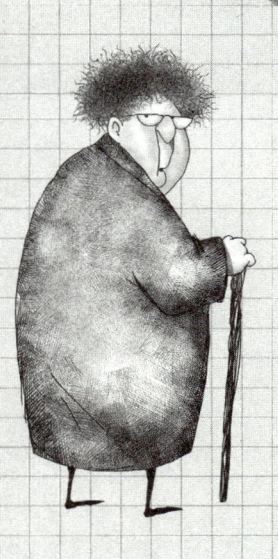

LÖSUNGSWORT:

(Lösung S. 32)

Die perfekte ANTWORT für jedes Fach

Physik
SCHIEFE EBENE

Religion
DAS STEHT SCHON IM ALTEN TESTAMENT

Chemie
GANZ KLAR OXIDATION

Geographie
KONTINENTALVERSCHIEBUNG, ÄH NEE: JETSTREAM

Bio
DAS IST PHOTOSYNTHESE

Häufig wird man als Schüler mitten in der Nacht (dritte Stunde oder so) aufgeschreckt durch eine persönlich gemeinte Frage des Lehrers.
Zum Glück gibt es in den meisten Fächern eine Antwort, die so gut wie immer richtig ist. Und dann kannst du weiterschlafen.

Deutsch
ICH DENKE, ES IST EINE METAPHER FÜR DEN NATIONALSOZIALISMUS/ DEN TOD/DIE LIEBE.

Geschichte
ZWISCHEN 1933 UND 1945?

Englisch
IT'S A CULTURAL MELTING POT!

— S.S. 54

Kunst
KUNST LIEGT IM AUGE DES BETRACHTERS!

Französisch
AVOIR UND ETRE

$(A+B)^2 = A^2 + 2AB + B^2$

Mathe

Latein
DAS MÜSSTE EIN ABLATIVUS ABSOLUTUS SEIN

Deutsch (Goethes Faust, Kreidekreis, Alte Dame, Brandstifter, Max Frisch(linge))

32

L12 LEHRERTYPEN

D
d

Der unterrichtende Direktor

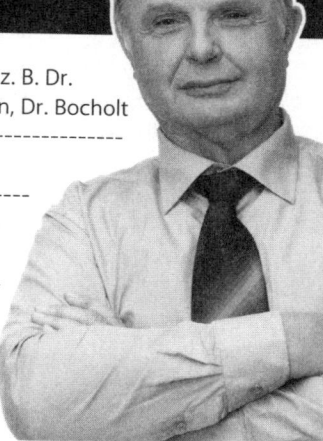

NAME: Oft wie Kleinstadt, z. B. Dr. Worms, Herr Direktor Hagen, Dr. Bocholt

---

ALTER: über 50

FÄCHER: Mathe, Politik, Geschichte

AUSSEHEN: groß, Bart, Brille, stattlich, respekt-einflößend, tiefe Stimme, Anzug immer etwas zu groß, teure Ledertasche

---

BESONDERE MERKMALE: Meistens entspannt, regt sich nur auf, wenn es wirklich sein muss ... dann aber richtig! Man hat tierisch Respekt, alle Hausaufgaben werden gemacht, man will gut sein, man lernt viel, man freut sich, wenn er einen persönlich kennt, man lacht über seine Witze.

ZITATE: „Aufgaben 2, 3, 5, 6-9 nur a) und b). Und das sind eure Hausaufgaben und nicht die Lottozahlen von mor-gen." (brüllendes Gelächter) • „Fang mal an, erwachsen zu werden, Luke!"

ZITATE ÜBER IHN: „Wie ist der im Unterricht?" • „Der ist eigentlich voll entspannt." • „Die anderen Lehrer haben alle tierisch Schiss vor dem."

E

wie Elternsprechtag

Der Tag, an dem das sorgfältig aufgebaute Karten-
haus, welches du deinen Eltern gegenüber aufgebaut
hast, einzustürzen droht! Monate lief alles glatt: Blaue
Briefe wurden abgefangen und verbrannt, Unter-
schriften wurden gefälscht und die Eltern denken, man
steht überall „so zwischen 2 und 3". Doch dann kommt
der Tag, an dem die Eltern das Schulgebäude betreten, um mit deinen Lehrern über nichts anderes zu
sprechen als über dich. Und das Grauen nimmt seinen
Lauf. Wird Frau Böhlke erzählen, wie ihr Autoschlüssel
plötzlich weg war und du mit ihrem Nissan auf dem
Schulhof Powerslides geübt hast? Sind deine Manipu-
lationen im Klassenbuch aufgeflogen? Hat jemand notiert, wie selten du Hausaufgaben gemacht hast? Ist
bekannt, wer die frischgestrichene Wand in der Aula
verziert hat? Das Schlimmste ist diese Ungewissheit ...

S. S. 100!

Und das Schwierigste ist, dich beim Nachhausekommen der Eltern schuldbewusst und niedergeschlagen zu stellen, obwohl du innerlich jubelst, dass die wirklich üblen Sachen offenbar nicht rausgekommen sind. Hast beim Hacken der Schul-EDV also erfolgreich alle Spuren verwischt.

Der Checker

NAME: Simon, David, Patrick, Julian (in englischer Aussprache ... is einfach cooler)

AUSSEHEN: eher klein, mager, kurz geschorene Haare, nicht unattraktiv. Weite Skater-Pullis, Baggyhose, Basecap, oft neue Sneaker, trägt auch Ende November Sonnenbrille, recht stilsicher.

BELIEBTHEIT: ●●●●●●○○○○

BESONDERE MERKMALE: Passabler Schüler, crazy Aktionen auf Parties (Sprung vom Dach in den Pool), hat älteren Bruder, der ihm Alkohol klarmacht, redet wie Figur aus High-School-Film, dauernd anderes Handy, hat Freundin 2 Stufen drüber und alle so „Häh?".

ZITATE: „Ich bin das Wochenende bei meinem Dad." • „Hey Babe, Lust auf ein Date mit dem romantischsten Casanova der Schule?" • „Ich komm zur Party; mein Bro bringt mich aber bisschen später!"

ZITATE ÜBER IHN: „Was ein Spast!" • „Ich find den ja ganz süß."

S5 SCHÜLERTYPEN

Der Möchte-gern-Checker

NAME: Eduard, Roman, Karsten (nennt sich aber Eddie, Row oder KC)

AUSSEHEN: Orang-Utan-artige Figur, zuviel Gel, nicht besonders attraktiv. Trägt teure Marken, schlecht kombiniert, weite weiße Pullis (sofort dreckig), neue Schuhe werden sofort von allen durch Drauftreten „eingeweiht". Trägt auch im Tunnel Sonnenbrille.

BELIEBTHEIT: ●●○○○○○○○○

BESONDERE MERKMALE: Hat Freundin 2 Stufen drunter und alle so „lihhh", will cool und schnell Bier trinken, aber der ganze Schaum schießt raus; richtig schlecht in der Schule, hat „älteren Bruder", den noch nie jemand gesehen hat, steigt erst in der 7.-8. Klasse vom Loser zum Möchtegern-Checker auf.

ZITATE: „Ehm ... darf ich auch mal an der Kippe ziehen?" • „Ich muss die Kathi nach Hause bringen, die darf nur bis 10."

ZITATE ÜBER IHN: „Wer?" • „Boh, wer hat den denn eingeladen?" • „Der hat auf der Klassenfahrt alles vollgereihert."

Voll coole Party bei mir im Partykeller! Komm ab 16:00 Uhr bei mir vorbei, zieh Partyklamotten an und dann geht's ab! YOLO!

Sabrina

Sabrina begrüßt alle an der Tür, im Glitzertop von der großen Schwester.

Der Partykeller der Eltern ist mit Luftschlangen und Konfetti geschmückt. Es gibt Chips, Flips und Kalten Hund. Thilo ist nicht eingeladen, weil er und Sabrina nicht mehr miteinander gehen. Alle halbe Stunde bringt Mutti Kindersekt und neue Knabbereien. Pascal muss nach 4 Tüten Flips kotzen und wird um viertel nach fünf von Felicitas' Eltern mit nach Hause genommen. Die anderen spielen Mord im Dunkeln, Bist du schüchtern und Polnische Hochzeit. Um sechs schaltet Sabrinas großer Bruder die Diskokugel an und spielt Bravo-Hits. Nicole heult, weil Bruno ihr beim Stopptanzen auf ihr neues Kleid geblutet hat. Um halb acht werden alle von Sabrinas Papa nach Hause gefahren.

Der Zu-viel-Vorbereiter

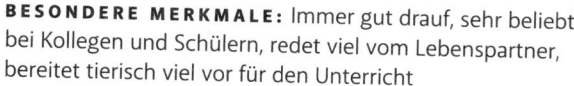

NAME: Wie Promi, z.B. Frau Klum, Herr Löw, Herr Pocher

ALTER: Um die 30

FÄCHER: Französisch, Erdkunde, Englisch, Biologie

AUSSEHEN: Jung, dynamisch, Zufalls- bart, H&M, Umhängetasche

BESONDERE MERKMALE: Immer gut drauf, sehr beliebt bei Kollegen und Schülern, redet viel vom Lebenspartner, bereitet tierisch viel vor für den Unterricht

----

ZITATE: „Hallo, liebe Klasse, ich hab für heute mal ne Folie für den Overheadprojektor vorbereitet, 3 Bücher von zuhause noch mitgebracht, 2 Bücher noch schnell selber geschrieben, 2 Spiele entwickelt, 3 Tauben trainiert und einen alternativen Sitzplan ... und meine Freundin hat mir dabei geholfen."

ZITATE ÜBER IHN: „Bei dem/der hab ich megaviel gelernt." • „Der hat ne ganz nette Freundin." • „Ich hab Französisch immer gehasst, aber bei dem/der ging das voll klar."

F wie Fehlstunden

Manch einer sammelte Fehlstunden wie Paninibilder.
Es wurde immer und überall blaugemacht. Als Trophäe
hatte man dann 144 Fehlstunden im Zeugnis, davon
142 unentschuldigt – und kam trotzdem damit durch.
Meistens kamen diese Menschen erst zur 3. Stunde und
waren nach der 4. wieder weg. Mehr als ne Doppelstunde Deutsch sei echt zu stressig für so einen Ar-
beitstag. Die meiste Zeit hingen sie dann beim Bäcker
ab oder beim „Kollegen", der in der Nähe der Schule
wohnte. Wenn man ganz krass drauf war, ging man mit
seinen Kumpels zu Saturn und zockte heimlich FIFA auf
der Playstation. Als man in der Oberstufe dann anfing,
sich die Entschuldigungen selbst zu schreiben, fragte
man sich schon, ob und wie man diese Institution noch
ernstnehmen konnte...

„Sehr geehrter Herr Lehrer, ich war leider krank und
konnte nicht kommen. Mit freundlichen Grüßen, Luke
Mockridge" Läuft!

s. Seite 12/13

Sehr geehrter Herr Lerer,

der kleine Luke hat gestern früh wegen einer entzündeten Wasserader (Attest folgt) verschlahfen und ist dann gegen eine Tühr gelaufen. Auf dem Weg zum Arz kam der Anruf, das seine Tante gestorben wäre. Außerdem gab es bei ihm zuhause 1 kleinen Grossbrand.
Wir bitten, sein gestriges Felen zu enschuldigen.
Schuldigung.

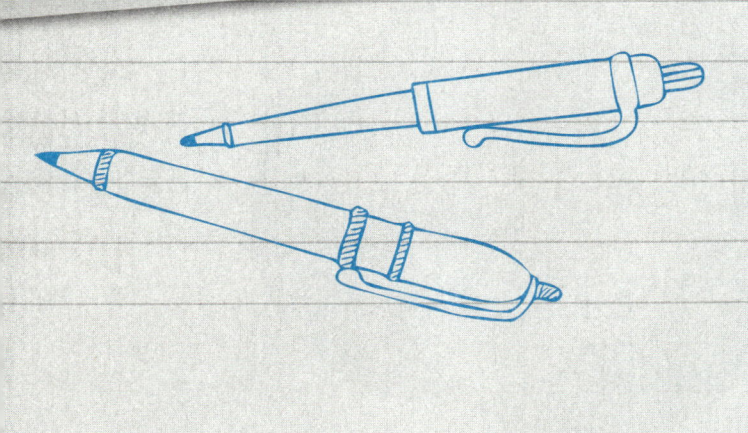

BUNDESTUGENDSPIELE

Abwechslung
vom Schulalltag
bringen die regionalen
oder nationalen
Schülerwettbewerbe.

Sie haben mehr
gemeinsam,
als man
so denkt.

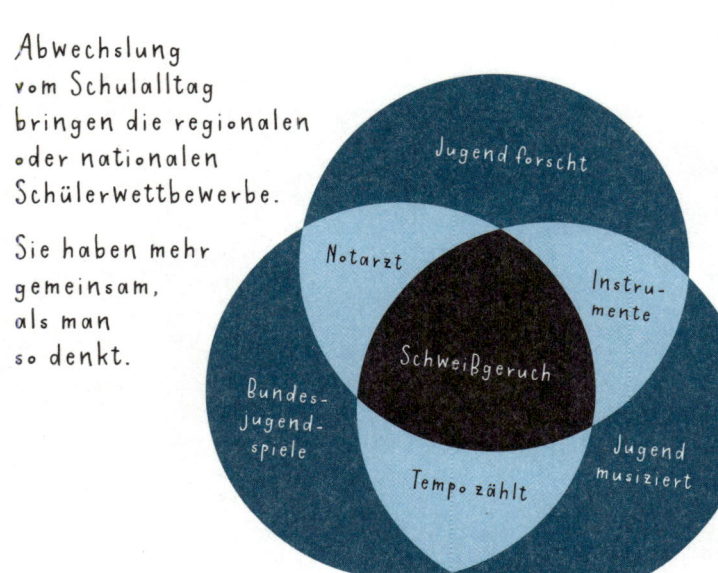

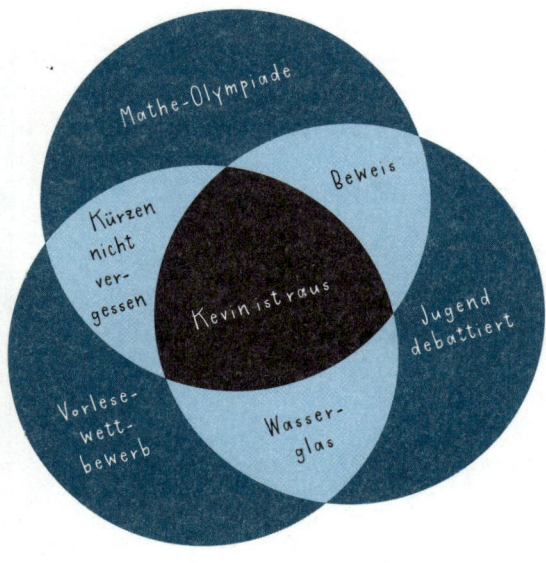

Das Emo

NAME: Sascha, Jojo, Jean, Alex

AUSSEHEN: Schwarze Haare ins Gesicht, übertrieben dünn, Piercing an der Unterlippe, Röhrenjeans. Außenseiter-Emos kaufen schwarze Klamotten im Second-Hand-Shop, mit Logo von Bands, die keiner kennt. Stylishe Emos kaufen bei H&M und tragen Logos von Bands, die sie selbst nicht kennen.

BELIEBTHEIT: ●●●○○○○○○○

BESONDERE MERKMALE: Emos bleiben unter sich, gute Noten ohne Aufwand, schreiben grottoide Gedichte, bisexuell, traurig. Emo-Jungs durch ihre stille, geheimnisvolle Art bei Mädels recht beliebt.

ZITATE: „Hast du die neue CD von Paralysed Harmony Invasion schon gehört?" „In der Stadt gibt's 'n Laden, wo man Nietenhalsbänder kaufen kann!" „Irgendwie bin ich traurig …"

ZITATE ÜBER SIE: „Ich glaub, die ritzen sich." • „Ich hab gehört, die hat auf einer Party mal mit Steffi geknutscht." • „Der erinnert mich voll an Jared Leto von 30 Seconds to Mars."

der notenspiegel

Der Notenspiegel, gerne auch als Nazifolterinstrument beschrieben, ist die größte Schweinerei der Schulzeit! Klassenarbeiten bedeuten Stress. Nach geschriebener Arbeit hat man meist 1-4 Wochen Zeit, sie zu vergessen – doch der Tag der Rückgabe lässt alles nochmal aufleben. Lehrer betritt mit Stofftüte den Unterricht und schreibt Folgendes an die Tafel:

1	2	3	4	5	6
3	6	10	4	1	1

Durchschnitt: 3,12

s.S.50

Nun folgen Blicke ... viele Blicke! Der Notenspiegel birgt mehr Drama als eine spanische Telenovela. Die 1er checken sich ab – die üblichen Verdächtigen: Bonzenkind, Hochbegabte und Hang-Su, S.S. 62 der Asiate, der kaum spricht, aber fucking gut in Kurvendiskussion ist. Die 2er ... es sind mehr als sonst ... wer rutscht rein? Gibt es Überraschungen? Tränen der wendylesenden Pferdebitch wegen einer ungerechten 2 minus. Die 3er und 4er sind entspannt. Haben eh nicht gelernt und plätschern im Mittelfeld. Und dann der Showdown! Eine 5 und eine 6 ... sofort Blickkontakt zwischen mir und dem 4 Jahre älteren Pavel ...

Fortsetzung:

http://www.youtube.com/watch?v=SCcQvlyNtHE

↓
s. Seite 120

L14 LEHRERTYPEN

Der Zyniker

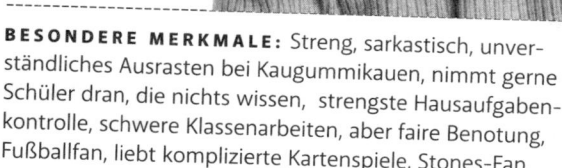

NAME: Meist einsilbig, Dr. Knapp / Hass / Pohl

ALTER: <47

FÄCHER: Chemie, Physik, Mathe

AUSSEHEN: Lang, schlank, dunkelblondes Resthaar, dunkle Hemden straff in eine Jeans gesteckt, darüber creme-/ beigefarbenes Sakko mit Leder-Ellbogen.

BESONDERE MERKMALE: Streng, sarkastisch, unverständliches Ausrasten bei Kaugummikauen, nimmt gerne Schüler dran, die nichts wissen, strengste Hausaufgabenkontrolle, schwere Klassenarbeiten, aber faire Benotung, Fußballfan, liebt komplizierte Kartenspiele, Stones-Fan.

ZITATE: „Freunde der Nacht." • „Tja, wenn du das so siehst, muss es wohl richtig sein ... Soll ich bei Herrn Pythagoras anrufen und alles nach deinen Wünschen ändern?" • „Leute, das könnt ihr zuhause machen, aber nicht hier!"

ZITATE ÜBER IHN: „Puh, der ist hart, aber bei dem lernste was!" • „Wegen dem bin ich sitzengeblieben!"

G wie Gegacker

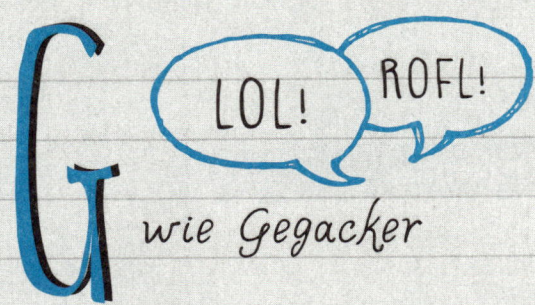

s.S. 78

Auch wenn manche die Schule als tristen Ort beschreiben – nirgends wird so oft lauthals gelacht, versteckt gekichert und nervig gegackert: bei dummen Bemerkungen des Kevin, bei wilden Aktionen des Klassenclowns oder wenn der Fadenverlierer wieder mal den Faden verloren hat.

s.S. 133   s.S. 141

Die größte Heiterkeitsquelle ist allerdings die Tatsache, dass sich das komplette Leben eines Schülers ab Klasse 5 um Sex, Penisse und Capri-Sonnen dreht. Sex ist überall und stößt (HAHAHA!) auf die größte Begeisterung, wenn die Lehrer nichtsahnend etwas Entsprechendes äußern. Die Interpretationen sind meist stupide ... aber manchmal auch unfassbar kreativ!

Beispiele:

„Der Kartenständer ist kaputt."
„HAHAHA ... STÄNDER!!!"

„Der Bischofsstab ist meist aus Gold."
„HAHAHA ... STAB!!!"

„Die europäische Wetterscheide ..." „HAHAHA ...
SCHEIDE!!!"

„Der Jadebusen ..." „HAHAHA ... BUSEN!!!"

„Homer dichtete die Odyssee." „HAHAHA ...
HOMO!!!"

„Der erigierte Penis dringt in die Scheide ..."
„HAHAHA ... DRINGT!!!"

„Die Tangente verläuft parallel."

„HAHAHAHA!!!"

„Was war da jetzt lustig?"

„Sie haben Tangente gesagt ... HAHAHA ...
eine Tangente ,berührt' eine KURVE an einem
PUNKT ... außerdem ist sie ein GAYrade ...
HAHAHA ... und in Tangente steckt das Wort
,Ente' ... HAHAHA ... wie EntenBRUST! Außerdem kann man Tangens aufm Taschenrechner
eintippen, und wenn man auf einem Taschenrechner
die Ziffern 38537 eintippt, steht da LESBE ...
AHAHAHAHAHAH!!!"

„Luke, geh vor die Tür!"

Mit Knötli im Dödli
ist Vögli nit mögli

Deine Mutter
sitzt bei Aldi
unter der Kasse
und piepst.

Nieder mit der
Schwerkraft, es
lebe der Leichtsinn

Chuck Norris
isst keinen Honig.
Chuck Norris
kaut Bienen.

Ficken? Ruf an!
0123 45678910

Nazies
raus!

Zum Reisen braucht man Schuhe,
zum Scheißen braucht man Ruhe.

Navigare necesse est –
Schiffen ist notwendig

Bitte benutzt die Bürste!
Ist mir zu hard

a.m.=♡

CHUCK NORRIS KANN HARDWARE DOWNLOADEN.

Nicht alles, was stinkt, ist Chemie

Der Hochbegabte

NAME: Malte, Lukas, Hong-Sun

AUSSEHEN: sehr intensiv, manchmal stylish und teuer, dann gerne konservative Accessoires wie Manschettenknöpfe oder Taschenuhr mit Opa-Kette

BELIEBTHEIT: ●●●○○○○○○○

BESONDERE MERKMALE: Schreibt nur Einsen, spielt seine Intelligenz immer runter, Liebling der meisten Lehrer, korrigiert aber Mathe- und Physik-Lehrer, wird immer ausgesucht, Kreide aus dem Sekretariat zu holen; sieht genau aus wie seine Eltern, gibt seinen Mitschülern Nachhilfe; wird nach den Arbeiten immer gefragt, was er wo geschrieben hat.

ZITATE: „Ich hab schon ein bisschen gelernt, aber ein Bein hab ich mir nicht ausgerissen." • „Ich nehme fünf Euro die Stunde; für Mathe zehn."

ZITATE ÜBER IHN: „Mein älterer Bruder meinte, er hätte ihn in der Uni-Bibliothek gesehen!?" • „Der wird bestimmt mal reich." • „Das Ergebnis ist zwar richtig, aber Punktabzug für verkürzten Rechenweg."

Der „Meine-Eltern-denken-ich-bin-hochbegabt"

NAME: meist normaler Name mit abenteuerlicher Schreibweise, z.B. Phillippe, Stephane, Domenick, Yannic

----

AUSSEHEN:
Klamotten aufgetragen, zu alt für hellblauen Pullover mit lachender Dampflok drauf, meist vom Bett verlegene Haare, groß, sehr unproportioniert

----

BELIEBTHEIT: ○○○○○○○○○○

BESONDERE MERKMALE: Sehr laut und ruppig, dumm wie Scheiße, sehr aggressiv trotz erhöhter Ritalin-Dosis, sehr schlecht in der Schule, geht angeblich zum Psychologen, hat mal ein Nachbarskind ins Krankenhaus gebracht … keiner weiß wie. Eltern sind Therapeuten oder Sonderschul-Pädagogen und halten ihn für unterfordert.

ZITATE: „ACHTUNG WRESTLING" (verprügelt dich)

ZITATE ÜBER IHN: „Ich glaub, der ist verhaltensgestört." • „Ich hab gehört, der hat mal ne Katze getötet und gegessen."

 wie Hitler

Adolf Hitler spielt in jeder Schule eine essenzielle Rolle. Besonders penible und anstrengende Lehrer wurden oft mit „voll der Hitler" bezeichnet. Auf dem Schulhof kursierten dauernd ahnungs- und geschmacklose Witze wie „Hitler ist gestorben, weil er seine Gasrechnung gesehen hat." Und in der 9. Klasse war im Geschichtsunterricht das Dritte Reich dran, an dem Hitler auch irgendwie beteiligt war. Dabei dachte man schon, dass dieser Hitler nur ein Phantasieprodukt von Lehrern und sonstigen Pädagogen sei, die einem bei allem ein schlechtes Gewissen machen wollten und einen Grund brauchten, dauernd den Zeigefinger zu heben. Beim ersten KZ-Besuch mit der Klasse bekommt man dann doch einen kurzen Schreck, dass das alles wirklich passiert ist.

Ab dann fungiert Hitler als eine Art „Lord Voldemort". Über ihn zu reden, Witze zu machen oder Lehrer mit ihm zu vergleichen, erfordert Mut und Selbstbewusstsein, da es eigentlich verboten bzw. politisch nicht korrekt ist. Als Schüler steht man andauernd unter dem selbstgemachten Druck, besonders erwachsen, aber trotzdem frech und cool zu sein. Da kommt Hitler als Vehikel für genau diesen Zweck gerade recht. Haha: Hitler-Vehicle ... hab gerade ein Batmobil im Kopf ...

„Hey, hast du schon den Aufsatz für Deutsch?"

„Nää, wir ham doch 3./4. Kunst!"

DIE KUNSTSTUNDE

„Kennste schon das neue Lied von ‚Paralysed Harmony Invasion'?"

„Lass mal inner 3. quatschen, da ist Kunst!"

„Nee, zeig ma in Kunst!"

Kunstunterricht, Malen oder auch einfach „Freistunde nach Lehrplan", das heißt: Man sitzt in einem großen Raum mit breiten Tischen, häufig läuft ein Radio – und es gibt keine Lehrer! Es gibt nur einen Mann mit wirren Haaren, der zu Beginn der Stunde einmal ratlos auf die Klassenliste starrt, weil er weder Namen kennt noch irgend jemand je auf dem im Sitzplan eingetragenen Platz sitzt („Ich kann besser hier hinten im Liegen kreativ sein!"), und dann murmelnd („Muss noch ... Kulisse ... Schultheater ...") in seinem Kabuff verschwindet.

Niemand malt in Kunst. Die meisten besitzen weder Papier noch Stift, ganz zu schweigen von einem sauberen Tuschkasten. Nein, hier wird geredet, gegessen, Liebschaften werden eingegangen, diskutiert, analysiert und auch wieder aufgelöst. Und es wird mehr und freiwilliger Musik gehört als im Musikunterricht (in dem paradoxerweise mehr gemalt wird, allerdings meistens auf die Tische).

Und am Ende bekommen alle eine 2. Nur wer wirklich j e d e Stunde geschwänzt hat, bekommt eine 3.

Der Sprachlehrer, der nichts kann

NAME: Ironischerweise sagen die Namen schon alles, z.B. Herr Nichts, Frau Lehr, Frau Minder, Herr Nuhl

---

ALTER: 40-50

FÄCHER: Englisch, Französisch, Latein, Spanisch

AUSSEHEN: Bisschen abenteuerlich.

BESONDERE MERKMALE: Scheint kein Wort der unterrichteten Fremdsprache zu sprechen, macht alles mit Kassette, genießt einfach das Beamtentum und rattert seinen Job runter, flucht über Lehrerkonferenzen und das Korrigieren von Klassenarbeiten, wird ständig korrigiert von Schülern, die schon im Ausland waren.

ZITATE: „Good morning class ... listening comprehension" (Kassette rein) • „Ehm ... ja, aber if-clauses darf man nur bei ... ehm ... nee, doch nicht ... warte. Ich guck mal schnell nach." • „Bonjour, garconnes et madames!"

ZITATE ÜBER IHN: „Boah, der hat echt keine Ahnung!"

Das steht im Klassenbuch

Woche Nr. _____   Vom _____

Std.	Fach lt. Plan	Änd.	Thema der Stunde	Aufgabe	a) Versäumnisse b) Verspätungen	Bemerkungen	Namens zeich.
					Montag		
1	Englisch		if-Clauses; Relevanz	Gruppenarbeit	a) Torben	a) Sandra	
2	Englisch		Shakespeare in heutiger Welt		Meyer	Borhoven	
3	Geschi		Hugenotten ihrer Zeit	Leinblatt	krank	ohne	
4	Mathe		Integralrechnung	S 23 Nr. 2-9		Geo3eck	
5	Sport		Badminton	—		b) Peter	
6	Reli		Hinduismus / Feiertage	S. 5 Nr. 3a		Schulz	
						stört	
						Unterricht	
			S. 5. 69				
					Dienstag		
1	Mathe		Tangens / Sin	S. 29 Nr. 5-12	c) Torben	a) Peter	
2	"		Steigung zeichnen		Meyer	Schulz	
3	Deutsch		Schillers „Glocke" Analyse		Spaß	stört	
4	Bio		Pantoffeltierchen Unters.			wieder	
5	Englisch		Vokabeltest			unterricht	
6							
					Mittwoch		
1	Latein		Klassenarbeit				
2	"		"				
3	Deutsch		Schillers „Glocke" Analyse				
4	Erdk.		Endplatten Pangäa	Klimadiagramm			
5	Bio		Vertretungsstunde				
6	Mathe		Vertretungsstunde		Torben Meyer Krank		

56

Das ist passiert

Woche Nr. _____   Vom _____

Std.	Fach lt. Plan	Änd.	Thema der Stunde	Aufgabe	a) Versäumnisse b) Verspätungen	Bemerkungen	Namens-zeichen
					Montag		
1	Englisch		Fußball: Klassenwart	/	a) Torben	a) Sandra	
2	Englisch		Studienzeit des Lehrers	/	Meyer	hatte hier	
3	Gesch.		LANGWEILIG		weiß, dass	ein Geo!	
4	Matte		Integralrechnung nochwas		Mittwoch		
5	Sport		Fußball		Latein	b) Peter	
6	Reli		Nach Gott alles weg?!		geschrieben	Schulz	
					wird u. ist	geht mir	
					jetzt schon	auf den	
					krank	Sack!	
					Dienstag		
1	Matte		Den, wer gern	Also B?!	a) Torben?		
2	"		keine genug Rad				
3	Deutsch		Bundestagswahl Analyse				
4	Bio		Hinten auf iPad Fußball geguckt				
5	Englisch		Alle beschreiben beim Vok.-Test				
6							
					Mittwoch		
1	Latein		Klassenarbeit				
2	"		"				
3	Deutsch		Die Klassenarbeit eben ...				
4	Erdk.		" " "				
5	Bio		Wo sind alle?!				
6	Matte						

I wie Internat

Internate sind in der Literatur und der Filmwelt immer unheimlich coole Orte, wo der geilste Scheiß passiert. Jeder wünscht sich insgeheim, dort gegen seinen Willen hingeschickt zu werden, um es am Anfang zu hassen, dann letztendlich aber doch eine tolle Zeit zu haben, Freunde fürs Leben zu finden und mit ihnen gegen einen im Kerker lebenden Drachen zu kämpfen. Berühmte Beispiele sind u.a. Hogwarts, Schloss Einstein und Gina Wilds Mädchen-Internat.

Von Möchtegern-Rebellen in der Schule (vor allem denen, deren Nachname mit „von" beginnt) wurde auch gern mal das Gerücht in die Welt gesetzt, ihre Eltern hätten ein Internat in England ausfindig gemacht und man werde schon sehr bald das Beethoven-Gymnasium verlassen, um künftig an die St. George Christ God Queen Wayne Rooney Military School irgendwo bei London zu wechseln. In der Realität verbringt man dann in der 11. Klasse allenfalls mal drei Monate in einem „typisch englischen" Internat, dessen Geschäftsmodell das paramilitärische Durchschleusen Tausender von Ausländern ist, und merkt relativ schnell, wie karg und wie wenig hollywoodlike das Internatsleben sein kann. Strikte Regeln, ranzige Zimmer und viele Asiaten ist halt nicht gleich Quidditch, Gryffindor und sprechende Hüte!

Liebe Kolleginnen und Kollegen,

bitte tragen Sie Ihre AG-Vorschläge für das nächste
Schuljahr bis zum 12.6. in die beigefügte Liste ein.
Ende der Woche
Denken Sie daran, möglichst abwechslungsreiche
und an jede Witterung angepasste Aktivitäten
anzubieten.

Mit vielen Grüßen aus dem Sekretariat
S. Hagen (Direktor)

Liebes Lehrpersonal, der Elternrat ist Ihnen sehr dankbar für die Mühen, die Sie sich mit den freiwilligen Arbeitsgemeinschaften machen. Trotzdem wurden auf den letzten Sitzungen vermehrt Beschwerden laut, was den Charakter der AGs angeht. Hier einige Bitten:

- Aktivitäten sollten wirklich nur bei gutem Wetter
  draußen stattfinden. Optimaler Zeitraum:
  10. Juni – 27. Juli

- Bitte keine Farben und Klebstoffe verwenden.
  Wir müssen das waschen.

- Bitte keine überambitionierten Rezepte kochen.
  Die Ansprüche der Kinder sind schon hoch genug.
  Außerdem sollte man an die Allergiker/ Laktose-
  intoleranten /Zöliakie-Kinder/Veganer/Frutarier
  denken. Vitamine nicht vergessen!

- Keine Messer, keine Scheren, keine scharfen
  Kanten! Keine „Wurfgeschosse"!

Es dankt: Der Elternrat!

Bitte KEINE selbst-
gebauten Feuerwerks-
körper, auch nicht für
Flugexperimente!!!

(Lüger, Brandschutz-
beauftragter)

AG (mit Namen)	Erforderliches Material
Mittelerde - AG (OD)	Schutzkarte, Kleine kuchen, Ring
KLONEN - AG (TZ)	STAMMBAUM, DNA-PROBE TK-SPERMA
Aquarium - AG (AH)	Wir brauchen schon wieder neue Fische!
Computerraum- AG (LT)	Clerasil, Red Bull, Windeln
Marionetten - AG (RW)	Fantasie und gute Laune! :·)
Beach-AG (BL)	Badebekleidung, Sonnencreme, Ketchup/Mayo
SKAT-AG (BH)	5-CENT-STÜCKE, Bier, ASCHENBECHER
Gott-Ag (MP)	aktuelle Karma-Karte, Opfergaben (aus Klonen-AG vom letzten Jahr)
Kresse-AG (FF)	originelles „Beet": Schuh, Schädel, KFZ
Golfen AG (SL)	Eisen 4-7, Tee, teure Klamotten
Mars- AG (CF)	Proviant, Kompass, Raumanzug, text, Sauerstoff, schöne Eltern
Lotto-AG (AH)	Beherrschung des Zahlenraums 1-49, Taschengeld.
Bunker - AG (MS)	Volksempfänger, Taschenlampe, Urin-Wasser-Set
Siemens -AG (SO)	Business-Kleidung, Hoch-ofen oder Doppel-I-Träger
~~Raum bladu~~ AG (WD)	~~Klebstoff, Faden, alte Zeitungen~~

Fällt aus, 2. Elternbrief ...

Das Bonzenkind

NAME: Felicitas Agnes von und zu Wartenberg, Adelard von Bengtsen, Carmen Freifrau zu Hohenlohe

---

AUSSEHEN: Weiße oder pinke Polohemden (Ralph Lauren), kurze hochgestylte Haare oder strenger Zopf, Segelschuhe oder Timberlands

---

BELIEBTHEIT: ●●●●●○○○○○

BESONDERE MERKMALE: Spielt Polo und Tennis (darf kein Fußball im Verein spielen), immer das Neueste vom Neuesten (iPod, iPhone, iPad), Eltern fahren Porsche Cayenne, hat viele Geschwister, ist immer die kompletten Sommerferien weg, zur Geburtstagsparty wird man mit der Stretch-Limo abgeholt und die Backstreet Boys spielen live, verleiht gern Geld, gut in der Schule, auch nach den Faschingsferien braungebrannt, ab der 11. Klasse im Elite-Internat

---

ZITATE: „Mein Bruder hat sich in St. Tropez den Fuß gebrochen!" • „Cooles Teil, oder? Hab ich mir am Samstag in New York gekauft."

ZITATE ÜBER SIE: „Denen soll der Frankfurter Flughafen gehören." • „Willst du nicht mal Felicitas zum Spielen einladen? Die Eltern scheinen nett zu sein."

Der sehr merk-
würdige Lehrer

NAME: stranger Name,
z.B. Herr Schlupkotten, Herr
Hansamur, Herr Schöndübchen

ALTER: Anfang 40

FÄCHER: Erdkunde, Deutsch,
Geschichte

AUSSEHEN: Unfassbar krasse Frisur, schwarze Locken,
relativ sportlich, viel Bart. Outfit: Sehr enge Jeans, der Arsch
wird hart verpackt, Turnschuhe von Reebok, laute Hemden,
Schweißränder

BESONDERE MERKMALE: Stinkt wie Sau, redet viel von
seinem Heimwerker-Hobby, leitet die Holz-AG (was auch
immer das ist), zeigt viele Filme, wird von niemandem
ernstgenommen, oft leere Drohungen, ist rätselhafterweise
verheiratet.

ZITATE: „Leute, das is mein voller Ernst, ja?" • „Es ist
einfürallemal 5 vor 12, ja!?" • „Ich hab da mal einen Film
vorbereitet, macht bitte Notizen."

ZITATE ÜBER IHN: „Den hab ich letztens im Bauhaus gesehen mit einer Heißklebepistole und sieben Gummienten."
• „Boah, der ist so strange!!!"

J wie Jack Johnson

Jack Johnson ist in jeder Schule das Synonym für Sommer! Die Stimmung wird besser, die Röcke kürzer, Basecaps und Sonnenbrillen werden aufgezogen, die Jeans hochgekrempelt, aus irgendeinem Grund macht einer auf Huckleberry Finn und kaut auf einem langen Grashalm – und aus den Handys scheppert Jack Johnson! Ein unverkennbarer Move ist außerdem das Ausziehen und Umhertragen des Pullis, der a) nicht in den Ranzen passte, b) auf dessen Mitnahme Mutti morgens bestanden hatte und den c) uncool per Schleife um die Hüfte zu tragen niemand riskieren wollte. Die Jack-Johnson-Zeit führt auch dazu, dass Lehrer auf einmal relaxter sind: Mal hat man Unterricht draußen, mal schaut man zum 100. Mal Romeo und Julia mit Leonardo Di Caprio und der einen, die jetzt bei Homeland mitspielt. Und auf den Fluren, auf der Treppe des Schulhofs (wo man in der Pause chillt) – überall wird Jack Johnson gehört.

Referendar in Angst

Ich bin ruhig, ich bin gut vorbereitet, ich habe genug Overhead-Folien, ich habe genug Folienschreiber, ich bin ruhig. Wenn was schief läuft, mach ich einfach eine Mindmap, die Kinder lieben meine Mindmaps, ich habe genug Mindmaps vorbereitet, ich kenne mich gut aus, ich habe keine Angst ... ichhabekeineAngst! ICHHABEKEI-NEANGST, ICHDARFKEINEANGSTHABEN, SIEKÖNNENANGSTRIECHEN!!!

Ruuuuuhig, ganz ruhig, Andreas, ah, da sitzt der Prüfer, sieht streng aus, Hand geben, freut mich, Mist, Schwitzehände, nach vorne gehen, Tafelbild vorbereiten. Verdammt, schief. Egal, mach ich später einen Witz drüber. Die Kinder lieben meine Witze. DieKinderliebenmei... *Kreide zerbricht an der Tafel* Oh mein Gott, O7:5O UHR. ES BEGINNT!

Torben guckt. Warum guckt er? Ist da was hinter mir? Und wo ist Jenny? Ah, hat Menstruationskrämpfe, sagt Marie. Nicht rot werden. Eintragen ins Klassenbuch. Wie schreibt man Menstrua... AU, was war das? Schmeißen die Papierknöllchen? Ignorieren. Weitermachen. Scherz übers schiefe Tafelbild. „Wie Pisa, hahaha!" Läuft doch super. Jetzt zuerst mal eine Mindmap. Lockert auf. Ich mal die auf die Folie. Schön bunt. Lehrmaterialien variieren. Wichtig.

Riecht es hier EIGENTLICH NACH RAUCH?! BRENNT-DERMÜLLEIMER?

Mülleimer gelöscht. Luke ins Klassenbuch eingetragen. Über die Risiken einer Rauchvergiftung gesprochen. Haut am linken Bein pellt sich. Leicht schwummrig. Jetzt ruhig bleiben. Blick zur Uhr:

O7:56 UHR. Flucht in die Ohnmacht.

Die Meute greift an

Kurz vor der Ersten *gähn* Stühle rücken, hinpflanzen, Kopf auf den Tisch ... Lehrprobe. Ätzend. * G Ä Ä Ä Ä H N * Dünnbrett steht an der Tafel, wischt sich die Pranken an der Cordhose. Eww, schon voll fleckig. Loser! * G Ä Ä Ä Ä H H H N ... *

...*Klingel*·

O7:5O Der Schwarm erwacht.

O7:51 Munition wird gekaut. Sitzposition auf Kippeln gestellt. Zielperson erfasst.

O7:52 Feindliches Propagandamaterial in Form einer Mindmap gesichtet. Torben zuständig für Demoralisierung des Feindes durch fiesen Blick. Zielperson schaltet zur Abwehr sämtliche Schweißdrüsen ein. Moral der Truppe: ausgezeichnet.

O7:53 Doppelagentin Marie erklärt Abwesenheit von Streber-Jenny. Hoffentlich hört man Jennys Schreie nicht auf dem Schulflur. Nach der Stunde nicht vergessen, Klotür wieder aufzuschließen. Ständiges Streufeuer angeordnet.

O7:54 Tarnbomber Luke auf dem Weg zum Hauptziel Mülleimer. Zündung in T-25 Sekunden. Ablenkungsmanöver von Martin eingeleitet.

O7:55 Zielperson erzählt Witz. Schwerer Angriff auf die Truppenmoral. Kollektiver Kotzreiz muss unterdrückt werden. Alle Hoffnung liegt auf der Mission „Müllbrand".

O7:56 „Müllbrand" voller Erfolg. Zielperson am Boden. Freistunde gesichert. Jetzt erst mal ein Käsebrötchen!

Die Ballettmaus

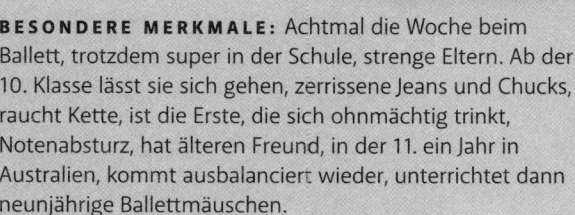

NAME: Janina, Constanze (ganz wichtig: mit „C"), Anna, Deborah

---

AUSSEHEN: UNFASSBAR dünn, Haare im Dutt, eigentlich ganz süß, aber irgendwas stimmt nicht. Kleine oder keine Oberweite, asexueller Typ.

BELIEBTHEIT: ●●●●○○○○○○, Tendenz steigend

BESONDERE MERKMALE: Achtmal die Woche beim Ballett, trotzdem super in der Schule, strenge Eltern. Ab der 10. Klasse lässt sie sich gehen, zerrissene Jeans und Chucks, raucht Kette, ist die Erste, die sich ohnmächtig trinkt, Notenabsturz, hat älteren Freund, in der 11. ein Jahr in Australien, kommt ausbalanciert wieder, unterrichtet dann neunjährige Ballettmäuschen.

ZITATE: „Ich hasse meine Mutter!" • „Ich hab den Whisky von meinem Dad geklaut!" • „Hast du ein Kaugummi? Meine Mum darf nicht wissen, dass ich rauche!"

ZITATE ÜBER SIE: „Eins plus mit Sternchen, Anna!" • „Die ist voll die Zicke, aber sie hat immer Mathe." • „Die ist eigentlich geil, aber ich glaub, die kotzt!"

Der „Nur Sportlehrer"

NAME: Ab der Oberstufe nur mit Vornamen angesprochen: Stefan, Heiner, Robert

---

ALTER: Über 45; heutzutage undenkbar.

FÄCHER: NUR SPORT!

AUSSEHEN: Braunge-brannt wegen des vielen Skifahrens; immer noch alle Haare wegen Mangels an Stress. Outfit: 3 Trainingsanzüge, die wechseln; HemdHose-Krawatte für Wettkampftage.

BESONDERE MERKMALE: Immer gut drauf, sehr beliebt, wenn auch manchmal ein bisschen belächelt. Nimmt Wett-kämpfe sehr ernst, Fußballfan, lässt fast nur Fußball spielen, macht die besten Klassenfahrten, lästert manchmal über Dicke. Sauklaue.

ZITATE: „So, komm, macht schnell Teams … Fußball!" • „Hoppla, schon so spät … komm, nächstes Tor entschei-det, dann Feierabend!" • „Ja, der Helmes, den kannte ich ja persönlich." • „Ui, wenn der Benni ins Becken springt, ist das Becken leer."

ZITATE ÜBER IHN: „Du hast den als Klassenlehrer? Voll geil!" • „Der war beim Leichtathleten-Bankett in Kiel total besoffen!"

K wie Klassensprecher

Deutschland sucht den Superklassensprecher – die größte Castingshow des Jahres! Das ganze Jahr über läuft in allen Schulklassen der Welt ein erbitterter Beliebtheitswettbewerb, und zwar verdeckt und mit verwirrenden Hochrechnungen und Trends. Aber einmal im Jahr wird das Battle offiziell ausgefochten: wenn es um die neuen Klassensprecher geht. Ohne Beliebtheit läuft vor allem in den unteren Klassen für die Kandidaten gar nichts. Diese wird meist durch das wahllose Verteilen von Süßigkeiten erreicht. Später spielt die Befähigung eine immer größere Rolle, also Mut, Gerechtigkeitssinn und Redegewandtheit. (Trotzdem kandidieren auch die Kevins immer wieder.)

Das folgende, geniale Diagramm veranschaulicht die Bedeutung von Süßigkeitenverteilung (gestrichelte Linie) und Fähigkeiten (durchgezogene Linie) für die Wahl zum Klassensprecher.

siehe Seite 78!

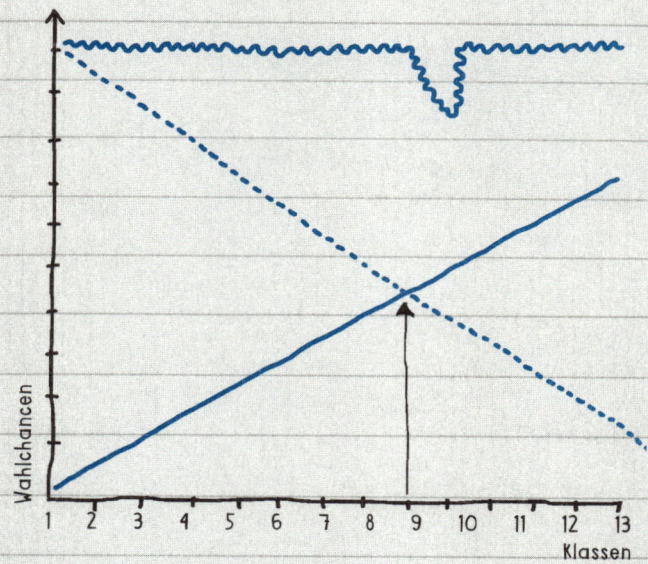

Man erkennt, dass die beste Mischung aus Bonbon-Popularität und Können bei der Klassensprecherwahl der 9. Klasse zu finden ist. Zur Orientierung befindet sich auch die Luke'sche Steigung (Wellenlinie) im Diagramm (Der Knick in der 10. Klasse ist auf den „Frau Endberg Mama genannt"-Vorfall zurückzuführen).

Rotlicht

Aus der Dusche: „Kannst du mir den Rücken einseifen/eincremen?" „Von vorne oder hinten?"

Mädchenumkleide in Lukes Phantasie

Blümchentapete, Gardinen obwohl keine Fenster, Duftkerzen

Zalando-Mann

Luke ist der Geilste!

Graffiti

Mülleimer mit Hexen-feuer, Verbrennung von Lukes Fotos

1 Jeans, 1 Bluse, 3 Paar Schuhe

Die Bankecke, in der verabredet wird, niemals zu sagen, was man meint

Tanzstange

73

WAS LIEGT AN?

Jedes Bild unseres Assoziationsrätsels
gibt einen Hinweis, was wir suchen.
Zusammen sollten sie genügen.

LÖSUNGSWORT:

(Lösung S. 76)

Der Ich-hätte-niemals-Lehrer-werden-sollen!

NAME: Herr Seufzer, Herr Hader

ALTER: Irgendwas mit vierzig oder so

FÄCHER: Deutsch, Englisch, Erdkunde, Pädagogik

AUSSEHEN:
Ihm ist alles egal.

BESONDERE MERKMALE: Hat keinen Bock auf gar nichts, ist aus reiner Bequemlichkeit Lehrer geworden, lustlos, hoher Geräuschpegel im Klassenzimmer, Monologstil, bei ihm wird nur geschummelt und gespickt; irgendwann stellt sich raus, dass er Riesenfan der Simpsons ist.

ZITATE: „Augen auf bei der Berufswahl! Ich spreche aus Erfahrung!" • „Ich kann hier einfach meine Zeit absitzen, ich krieg mein Gehalt auf jeden Fall. Ich bin Beamter." • „Macht doch, was ihr wollt." • „Freitagsunterricht sollte man streichen, oder?"

ZITATE ÜBER IHN: „Irgendwie ist der cool." • „Ich glaub, der hatte wieder ne Fahne." • „Der hat nie Bock auf irgendwas, oder?"

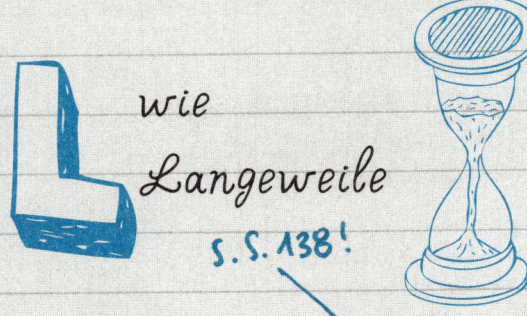

L wie Langeweile

S. S. 138!

Zwischen Klassenarbeiten, Amokläufern, Probealarm für den Brandfall und der ultimativen Katastrophe „Die Milchschnitten im Hausmeisterkiosk sind ausverkauft!" kann es in der Schule auch mal MEGA-LANG-WEILIG sein ... oh, sorry, Miss Krawuttke ... of course in English ... MEGA-BORING! Wir kennen alle diesen Moment: Es ist Mittwoch, 4. Stunde. Das Wochenende scheint ewig weit weg, das Ende des Tages scheint ewig weit weg und aufgrund der gerade stattfindenden Doppelstunde Erdkunde mit dem Thema „Geologische Schichtung und Bodenschätze des Uralgebirges" scheint auch jede Hoffnung auf Besserung weit weg. Man hat bereits mit seinem Nachbarn Käsekästchen

Siehe S. 100

gespielt, mit der Stoppuhr aufm Handy geguckt, wie lange man die Luft anhalten kann, unzählige Pimmel auf das Löschblatt gemalt und per Strichliste gezählt, wer in der Klasse wohl schon Sex hatte und wer nicht. Das ist der Moment, in dem die Gedanken gerne mal spazierengehen und man sich vorstellt, wie man reagieren würde, wenn jetzt ein Amoklauf und/oder Bombenanschlag stattfände. Natürlich wäre man der Held, und man malt sich schon aus, welche Gegenstände man als Waffe gegen potenzielle Feinde der 8b benutzen würde. Die Leiche des Attentäters würde man auf jeden Fall in die große Europakarte da vorne einrollen und unauffällig in den Chemieraum bringen, wo man sie in Salzsäure ... „Ja, natürlich hab ich zugehört, Frau Segeberg. Der Ural ist der höchste Berg Europas."

Der Kevin

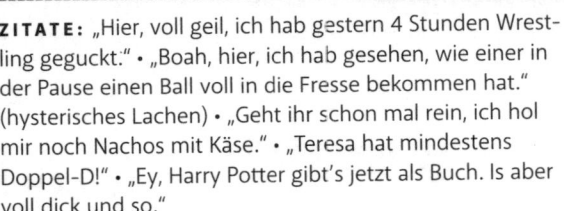

NAME: Kevin

AUSSEHEN: Ed Hardy und so

BELIEBTHEIT: ●●●●○○○○○○

BESONDERE MERKMALE:
Ist halt ein Kevin.
Fährt in den Ferien immer
zu seinen Großeltern nach
Neubrandenburg.

ZITATE: „Hier, voll geil, ich hab gestern 4 Stunden Wrestling geguckt:" • „Boah, hier, ich hab gesehen, wie einer in der Pause einen Ball voll in die Fresse bekommen hat." (hysterisches Lachen) • „Geht ihr schon mal rein, ich hol mir noch Nachos mit Käse." • „Teresa hat mindestens Doppel-D!" • „Ey, Harry Potter gibt's jetzt als Buch. Is aber voll dick und so."

ZITATE ÜBER IHN: „Boah, Kevin!!" • „Der is so ein Assi!" • „Irgendwie find ich den ja lustig." • „Ey, der hat gestern am Kiosk für 5 Euro Colakracher geholt." • „Ich hab gehört, der hat schon mit 9 geraucht." • „Kevin, bei aller Freude über deinen Leseeifer: Die Lektüre der ,Praline' hat in meinem Unterricht nichts verloren."

Was gibt's heute?

Schule macht hungrig. Also muss mittags was in den Magen. Entweder zuhause oder in der Schulmensa/ Cafeteria/Schulkantine. Da ist auch schon was vorbereitet. Es könnte also alles gut sein. Aber dann – kommt die Frage: „Was gibt's heute?" Allein dieses völlig berechtigte Auskunftsersuchen treibt Mütter und Schulköchinnen auf den Baum – nur weil wir dabei angeblich schon so angewidert gucken. Und wenn wir dann einen Blick in die Töpfe oder auf den Teller werfen, ist die Stimmung auf beiden Seiten völlig im Eimer. Und das Essen zwei Minuten später auch. Und alles macht sich auf zum Kiosk.

WICHTIGE SÄTZE:

Ich darf leider kein Gemüse essen. Allergie.

Fisch?!? Ich?!? Ich bin Steinbock!

Sind da etwa Pilze drin?

Nee, nee, keine Sorge, das sind Nudeln.

Warum soll ein Snickers kein vollwertiges Mittagessen sein?

Natürlich sind die Croissants aus Vollkornmehl!

WAS LIEGT AN?

Jedes Bild unseres Assoziationsrätsels
gibt einen Hinweis, was wir suchen.
Zusammen sollten sie genügen.

+

LÖSUNGSWORT:

(Lösung S. 82)

L8 LEHRERTYPEN

Die Milf

NAME: Verheiratet mit Ausländer, also Doppelname: Frau Schmitz-Déchamps, Frau Meyer-Chun, Frau Gabriel-Kowlacek

----

ALTER: nicht älter als 30 ... niemals ;-)

FÄCHER: Französisch, Englisch

AUSSEHEN: Reif, aber sexy ... unfassbarer Arsch! Sexy Sekretärinnen-Style

----

BESONDERE MERKMALE: Scheint versaut zu sein, macht ab und zu doppeldeutige Bemerkungen, trägt Brille auf der Nasenspitze, fährt mit auf Klassenfahrt, man sieht sie im Nachthemd **STÄNDER MODE ON**

ZITATE: „Manche Aufgaben sind einfach hart ... lang und hart." • „Hab mir ein Bad eingelassen, mir ein Glas Rotwein eingeschenkt und eure Arbeiten korrigiert." • „Puh, ist das heiß, ich zieh mal meine Jacke aus **CARELESS WHISPER ON**"

ZITATE ÜBER SIE: „Ich hab's genau gesehen, die trägt Tanga." • „Die mag es bestimmt versaut." • „Meine Mutter mag die nicht."

M wie MorgenLatte

→ Boys only! ←

Es kommt irgendwann das Alter, in dem der Penis nicht mehr nur zum Pissen gebraucht wird ... aber auch noch nicht für homoerotische Schwertkämpfe mit dem merkwürdigen Reli-Referendar ... NOT! Die Pubertät schleicht sich ein und man bekommt ständig eine Latte! STÄNDIG! Die Morgenlatte ist natürlich der Klassiker. Man wacht auf und hat ein Zelt in der Hose - so weit, so gut. Hab mal bei Galileo gesehen, warum das so ist, aber wieder vergessen ... zu wenig Blut im Gehirn gehabt ... Irgendwas mit Muskelanspannung? Oder -entspannung? Kein Plan ... Was ich aber weiß, ist, dass es nicht nur die Morgenlatte oder kurz MoLa gibt (nicht ausgelöst durch den gleichnamigen Viva-Moderator), sondern viele verschiedene Latten.

siehe
Seite
88/89

Die SpoLa (Sportunterrichtslatte), die PauLa (Pausen-
latte) oder die besonders stressige FüMiVoSchluLa
(Fünf-Minuten-vor-Schluss-Latte). Natürlich musste
man seinem Nebenmann immer mitteilen, dass man
gerade einen Ständer hatte, und musste dann zum
Beweis mal „wackeln". Als ultimativer Trick wurde der
erigierte Penis auch gerne mal nach oben zwischen
Gürtel und Bauch geklemmt in der Hoffnung, dass das
Blut dann durch die Schwerkraft wieder runterläuft
und der Ständer verschwindet ... mit überragender
Erfolgsquote!

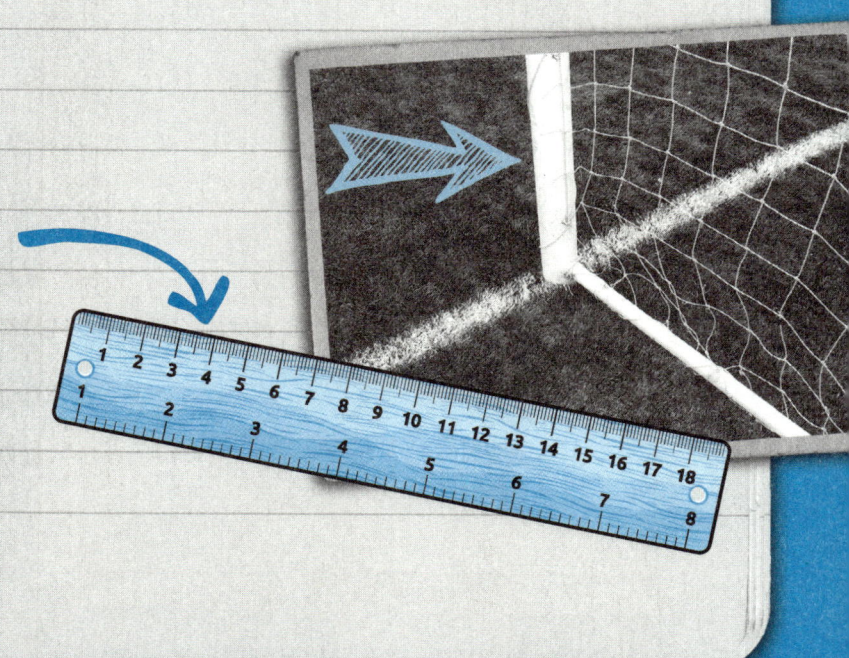

Der Raucher

NAME: Cedric, Jeremy, Nick

AUSSEHEN: Schwarze längere Haare, etwas gammelig, blass, Haut und Zähne gelb, picklig.

BELIEBTHEIT:
●●●○○○○○○○

BESONDERE MERKMALE: Inselbegabt (schlecht in Englisch und Deutsch, Spitze in Chemie), bleibt irgendwann sitzen. Raucht sehr viel, hat Raucherhusten, sagt nach einem 40-Meter-Sprint keuchend sowas wie „Boah, Raucherlunge". Denkt, dass Rauchen cool ist und die Mädchen scharf macht, stinkt aber einfach nur eklig. Gibt auch gerne Kippen ab, um Leute anzufixen.

ZITATE: „Boah, ich brauch ne Kippe." • „Meine Eltern wissen, dass ich rauche, ich rauche auch in meinem Zimmer." • „Kann ich nen Schluck von deinem Wasser?" (nachdem er geraucht und gelb gerotzt hat)

ZITATE ÜBER IHN: „Der stinkt!" • „Der hat voll die lockeren Eltern." • „Der hat immer Kippen."

WAS LIEGT AN?

Jedes Bild unseres Assoziationsrätsels gibt einen Hinweis, was wir suchen. Zusammen sollten sie genügen.

LÖSUNGSWORT:

(Lösung S. 88)

- MS Hesheit

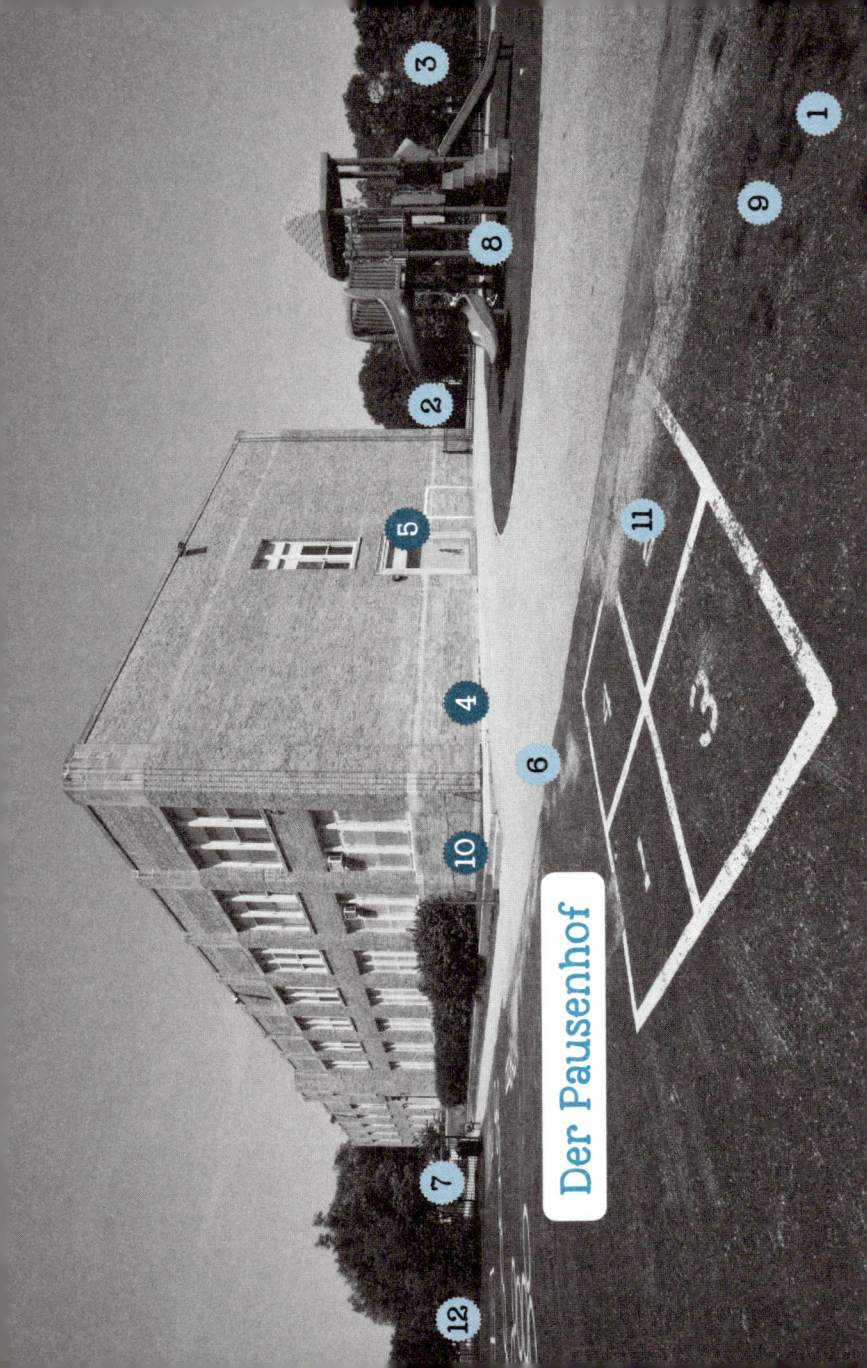

Der Pausenhof

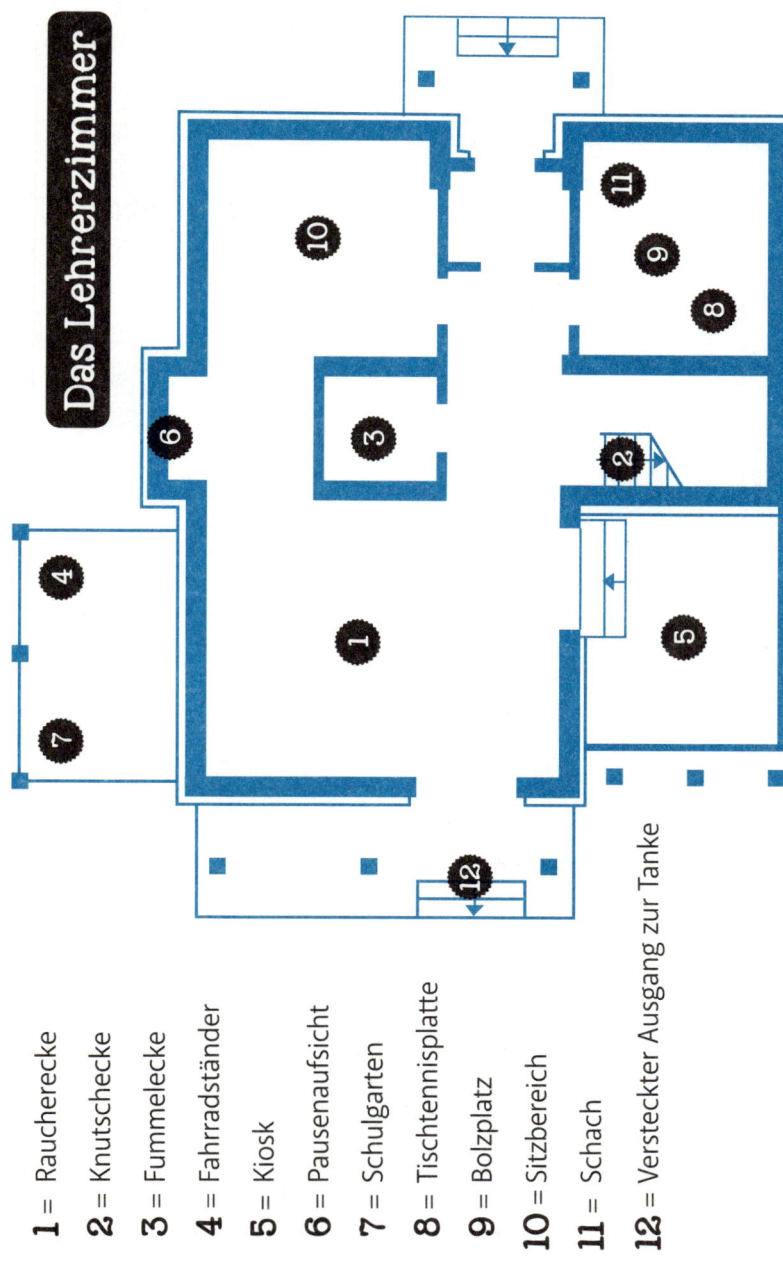

Das Lehrerzimmer

1 = Raucherecke

2 = Knutschecke

3 = Fummelecke

4 = Fahrradständer

5 = Kiosk

6 = Pausenaufsicht

7 = Schulgarten

8 = Tischtennisplatte

9 = Bolzplatz

10 = Sitzbereich

11 = Schach

12 = Versteckter Ausgang zur Tanke

N wie „Noch so'n Spruch, Kieferbruch!"

Während heutzutage auf deutschen Schulhöfen Mütter gefickt, Bitches mit dem Cock geslaped und Wertsachen gezockt werden, gab es vor nicht allzulanger Zeit den Trend, seinem Feind in Reimform klarzumachen, dass es gleich zur Sache gehe. Denn die ultimative Drohung, die, die es wirklich in sich hat, und das weiß jeder, ist: die Drohung, die sich reimt. Nur ein Reim lässt es einem eiskalt den Rücken runterlaufen. Wirklich hart wurde es, wenn es die kompletten 20 Pausenminuten hin und her ging, ohne einen einzigen Faustschlag. Zwei Gegner, ein Kreis, der sich um die Protagonisten bildete, und dann ging's los:

FIGHTER 1: Noch so'n Spruch, Kieferbruch!

FIGHTER 2: Noch so'n Ding, Augenring!

FIGHTER 1: Noch so'ne Tat, Rollstuhlfahrt!

FIGHTER 2: Noch so'n Ton, Intensivstation!

FIGHTER 1: Noch so'n Gelalle, Leichenhalle (fand ich persönlich immer sehr weit hergeholt ... komm schon ..."Gelalle"????)

FIGHTER 2: Noch so'n Akt, Kopf zerhackt!

FIGHTER 1: Ruck zuck hängt der Kiefer schiefer.

FIGHTER 2: Noch so'n Furz, Treppensturz!

DEPP 1 mischt sich ein: Sagt ma Klettergerüst!

FIGHTER 1+2: Klettergerüst!

FIGHTER 3: Ihr habt ne nackte Frau geküsst!

RELILEHRER: Es reicht ... Schluss! Kommt ihr mal mit ins Lehrerzimmer ... und sagt mal Wolle!

Nur Insider wissen, was jetzt kommt ...

Der Sportler

NAME: Robert, Jonas, Ansgar

AUSSEHEN: Kein Gramm Fett am Körper, Eightpack, Schönling, Surferfrisur, trägt meist Trainingssachen und T-Shirts von Sportmarken (Nike, Arena, Adidas)

BELIEBTHEIT:
●●●●●●●●●○

BESONDERE MERKMALE: Ist unfassbar sportlich, wird beim Weitwurf von allen angefeuert, weil alle wissen, jetzt geht's ab. Kann jede Sportart, hat meistens einen Bruder, der das komplette Gegenteil ist. Ist oft weg, weil auf Wettkampf.

ZITATE: „Voll cool, an meinem Geburtstag gehen wir in eine Kletterhalle." • „Nee, kann nicht auf deine Party, da bin ich beim Halbmarathon in Göppingen!" • „Sonntag hab ich 'n Spiel."

ZITATE ÜBER IHN: „Der ist schon süß, oder?" • „Wie macht der das?!" • „Kein Wunder, der ist ja nur am Trainieren." • „Mein Vater findet den toll."

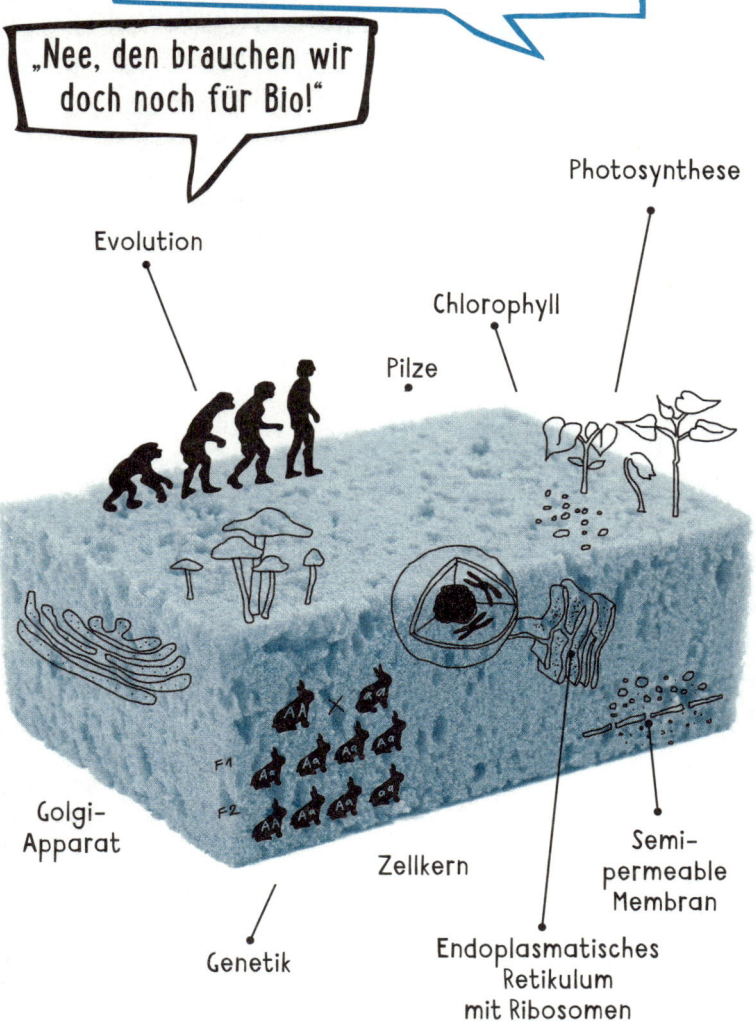

Klar – die eigenen Eltern sind immer superpeinlich. Entweder, weil sie Spießer sind, oder weil sie versuchen, die Kumpels ihrer Kinder zu sein. Aber bei den Eltern der anderen schaut man schon etwas genauer hin.

Hier die wichtigsten ELTERNTYPEN:

1.

Die besorgte Mutti:

Umhäkelt sicherheitshalber den Softball, liefert auch in der 11. Klasse noch die vergessenen Brote in den Unterricht nach, gibt orthopädisches Sitzkissen mit, ruft jeden Abend drei Lehrer und sieben Mütter an, urlaubt während der Klassenfahrt „zufällig" im Nachbarort, sprengt jeden Elternabend mit besorgten Statements zu Ernährung, Leistungsdruck, Mobbing etc. Fazit: Superpeinlich, aber sehr praktisch als Chauffeurin (SUV!) zu jeder Tages- und Nachtzeit. Nicht bösartig. Brote geil – besser als Subway.

2.

Die entspannten Eltern:

Zum Beispiel die Hippies, die mit Vornamen angesprochen werden wollen; die Kiffer und Chiller; die Gastronomen, die nicht mitkriegen, wenn ihr Kind erst um 4 Uhr früh heimkommt; die, die zur Party ihres Kindes für drei Tage verreisen.

(3.) Die strengen Eltern:

Zum Beispiel die FDPler, die ständig vom Leistungsprinzip faseln, während sie ihr Erbe verfrühstücken; die, die bei der Party ihrer Kinder zuhause sind und aufpassen; die Lehrerschleimer und ewigen Streber, die die Schule dabei „unterstützen" wollen, auch mal mit „harter Hand" ...; die alleinerziehende Mutter; die stellvertretend Ehrgeizigen, deren einziges Kind es mal besser haben soll; die Kinderreichen; die Türken; die Russen.

(4.) Die sonderbaren Eltern:

Die getrennt Lebenden (Vater = cool und ohne Durchblick, Mutter = nervig); die 72-jährigen Väter (Architekten oder Inhaber einer Werbeagentur); die Hausmuttis, die i m m e r da sind, ans Telefon ihres Kindes gehen und zu jedem Anlass einen Kuchen backen; die Heuchler oder Blinden („Mein Sohn mag zum Glück gar keinen Alkohol"); die Geizigen („Muss dieser Tagesausflug an die Ostsee wirklich € 7,20 kosten?")

O wie Overhead-Projektor

Selten hat die Welt eine eindrucksvollere Erfindung gesehen als den Overhead-Projektor (im Folgenden OHP). Vergesst Krebsheilung und Mars-Missionen – die Forschung ist bereits am Limit. Wir haben ein Gerät, welches auf Klarsichtfolie gedruckte Inhalte durch Licht- und Spiegeleffekte an eine Wand projizieren kann. WOW! Besonders kreative Lehrer nutzten den OHP gerne mal, um zusammen mit den Schülern zu deklinieren, zu konjugieren und sonstige Ferkeleien zu veranstalten. Man konnte sogar irgendwas mit verschiedenen Farben kennzeichnen. Vorher kam dann immer die brennende Frage: „Welche Farbe sollen wir den Römern geben?" Voll inter-aktiv! Ein halblautes,

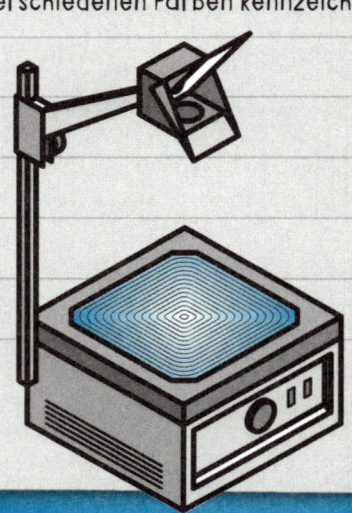

gelangweiltes „Gelb" kam aus der letzten Reihe, und nun waren alle Römer auf dem Forum Romanum „Gelb" eingezeichnet. Hurra! Dem OHP sei Dank! Vor jeder OHP-Stunde wurde den Schülern mitgeteilt, wie kacketeuer so eine Folie sei, damit wir diese 45 Minuten Schwachsinnspädagogikscheiße, die in den 1920er-Jahren als „alternative" Unterrichtsform erfunden wurde, um mehr Spaß am Lernen zu generieren, auch würdigen konnten! OMG ... OHP ...

Die Heulsuse

NAME: Lisa, Lara, Luisa

AUSSEHEN: Mittelscheitel, Jeans, Strickpullover, Zahnspange, lang, dünn, rote Augen und Schniefnase

----

BELIEBTHEIT: ●●●●○○○○○

BESONDERE MERKMALE: Heult alle 4 Sekunden, hängt nur mit ihrer Mädelsclique ab, weint bei einer 2 minus, sehr reiche Eltern (meistens Zahnärzte), kriegt sehr spät Brüste und als Letzte ihre Tage, wird irgendwann mega-heiß (ab Oberstufe). Hat immer Tempos.

ZITATE: „Ich hab alles falsch, oh nein ... *schluchz*" • „Heh? Doch ne 1 –... guck ma, guck ma ... ne 1!" • „Ich versteh nicht, warum alle Mädchen immer Bauchschmerzen haben." • „Nee, Jungs sind irgendwie doof ... aber Taylor Lautner ist süß."

ZITATE ÜBER SIE: „Hast du die Schwestern mal gesehen? Vertrau mir, die wird mal geil!" • „Haha, die hat nen BH an, obwohl da nichts ist." • „Boah, jetzt flennt die schon wieder! Nur weil Herr Specht sie aus Versehen angeguckt hat, als er ‚Ruhe jetzt!' geschrien hat!"

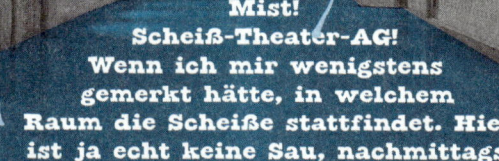

siehe S. 60

Mist!
Scheiß-Theater-AG!
Wenn ich mir wenigstens
gemerkt hätte, in welchem
S.S.91 **Raum die Scheiße stattfindet. Hier**
ist ja echt keine Sau, nachmittags!

Haben Frau Bremer und meine Mutter echt toll
ausgeheckt. Von wegen „freiwillig". Theater-AG –
wer macht sowas freiwillig?! Und das alles nur,
weil ich den Schwamm ein b i s s c h e n geworfen habe,
statt ihn in den Eimer zu l e g e n. Kann ich ja nicht
ahnen, dass die Bremer in dem Moment durch die
Einflugschneise läuft, die behinderte Schnepfe!

Ist hier echt niemand? Richtig gruselig hier.
Wie Hogwarts oder so. War das wirklich um 17 Uhr?
Wo sind denn die anderen Theater-Spackos?
Und was war das für ein Knacken eben?
Ich glaub, ich … das ist echt nicht komisch …
Mama? MAMA!!!!!!!

hey leute,

bald habe ich geburtstag
und ich will mit euch bowlen gehen!
wir treffen uns am mittwoch um halb vier
vor dem „mega strike bowling supercenter"
in bodensen. am besten kommt ihr da
mit den linien 3, 4, 12 und 15 hin.
poststrasse aussteigen.

wird fett! björn

Im Bowling-Center müssen alle ihre Schuhe ausziehen und hässliche Bowlingschuhe mieten. Nicole heult, weil ihr Freund Thilo nicht eingeladen ist. Björn und Karen bowlen gegeneinander, alle anderen sitzen auf der runden Bank an der Kugelausgabe, schreiben sich gegenseitig WhatsApp-Nachrichten und trinken dabei Bier und – eingeschmuggelten – Sauren Apfel. Felicitas muss um fünf von ihrem Bruder abgeholt werden, weil sie betrunken ihre Schuhe nach Bruno wirft, der eh schon Nasenbluten hat. Der Spielcomputer zeichnet nur noch Partien zwischen „Pimmelsau" und „Busendrücker16" auf. Alle müssen kotzen, Pascal schafft es nur bis zur Kugelausgabe. Noch vor sechs Uhr sind 13 neue Fotoalben auf Facebook hochgeladen, um viertel nach sechs gehen alle in Bowlingschuhen zu McDonald's.

L8

Die

NA also Déc Frau

ALT nie

FÄ Eng

AU ... Se

B ab N N

Z h e h **C**

Z T mag die nicht.

Der Junggebliebene

NAME: Lässt sich Spitznamen geben, z.B. Herr S., Mr. Mike, Hubi

---

ALTER: 40

FÄCHER: Bio, Erdkunde, Englisch

AUSSEHEN: Haare gelegt, klein, Hose mit Loch, Chucks, Lederjacke

---

BESONDERE MERKMALE: frisch geschieden, will es nochmal wissen im Leben, bei Lehrern sehr unbeliebt, trägt neuerdings Kontaktlinsen, jüngere Freundin, neuer Wagen, spricht jugendlich, bisschen erbärmlich, eigentlich sehr traurige Gestalt.

ZITATE: „Ich war gestern aufm Cro-Konzert ... Wuhuu easy!" • „Till, es gibt nur einen Fußballverein, und das sind meine Fohlen aus Gladbach, die killen euch am Samstag! Ich geh mit meinem Bruder ins Stadion!" • „Voll Swag und Yolo!"

ZITATE ÜBER IHN: „Den hab ich in der Stadt bei Urban Outfitters gesehen, der hat sich da ein Che-Guevara-T-Shirt gekauft!" • „Der hat ne ganz junge Freundin, die hat vor zwei Jahren hier Abi gemacht." • „Irgendwie ist der peinlich."

P wie Penis

Kein Wort ist wichtiger als PENIS! Für uns Jungs dreht sich im Leben sowieso alles um unseren besten Freund, unseren Kameraden, unseren Penis. Und in der Schule ist es genauso! „Penis" dient als gefahrlose Beleidigung, weil man ja einen biologischen Fachterminus verwendet hat. „Penis" erzeugt großes Gelächter, wenn der sonst so steife (hihi) Herr Dr. Vollmer in Sexualkunde zum ersten Mal „Penis" sagt. Auch in der Kunst findet man häufig Exemplare des männlichen Glieds – man schaue sich einfach mal das Schulheft

s. S. 46

eines x-beliebigen 9. Klässlers an und voilà. Ich wette,
dass mindestens auf jeder 3. Seite ein Penis gezeichnet
wurde. Manche klein und minimalistisch. Bei manchen
findet sich die Liebe zum Detail – ein paar Sackhaare,
klare Abgrenzung der Eichel. Und wiederum andere
sind echte Meisterwerke. Die Mona Lisa, die Sixtinische
Kapelle? Alles ein Scheiß gegen den besten Penis,
den ich jemals gemalt gesehen habe. Die Zeichnung
stammte von meinem Kumpel Chris Kieling (der mitt-
lerweile als Grafikdesigner in London lebt) und wurde
im September 2005 in einer langweiligen Physikstun-
de gezaubert. Grandios die Venen, die sich um das
Gemächt schlangen, brillant das freche Zusammenspiel
der borstigen Sackhaare mit den mächtigen Eiern, die
als eine Art Standbein fungierten. Einfach großartig!
Danke, Chris!

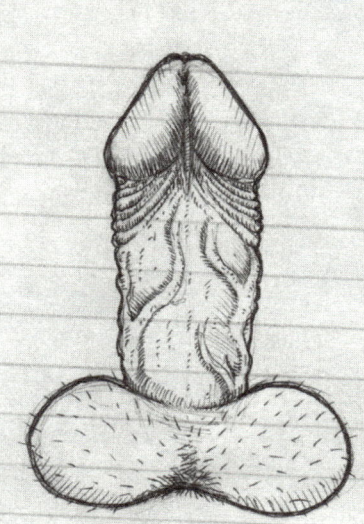

Triumphe in der Schule:

Lehrer denkt, du hast nicht zugehört und will dich eiskalt auffliegen lassen. Er haut dir persönlich eine Frage in die Fresse, die sich auf das gerade Besprochene bezieht. Du HAST zugehört und kannst ohne Probleme antworten! Lehrer steht dumm da ... du triumphierst! #AWESOME!

Klassenarbeit. Du hast NULL Ahnung! Du pimmelst 35 Minuten rum und stellst dich auf eine 5 oder 6 ein. Nachbar gibt frühzeitig ab und hinterlässt dir seinen Spickzettel. Die letzten 10 Minuten Abschreiben wie Guttenberg auf Speed. 3 minus! #AWESOME #ALTEGAGS4LIFE

Du denkst, du hast dein Pausenbrot vergessen – hast es aber doch mit! #AWESOME #BROTFÜR-DIEWELT

Du baust im Unterricht Scheiße (zündest Silvesterböller, wirfst Kreide, redest zu viel, schwängerst eine Mitschülerin). Lehrer hat genug und beschließt, dich am Ende der Stunde ins Klassenbuch einzutragen. Stunde geht um, Lehrer vergisst den Eintrag, deine Tat bleibt unbestraft! #AWESOME! P.S. #VERHÜTUNG!

Frage wird gestellt: Streber Arschloch und du melden sich! Streber Arschloch wird drangenommen, antwortet falsch! Spannung steigt, Druck wächst ... du wirst drangenommen, antwortest richtig! Alle freuen sich mit dir! #AWESOME #SIEGDESKLEINENMANNES

Niederlagen in der Schule:

Unangekündigter Vokabeltest!
#SHIT #MERDE
#WASAUCHIMMER-
SCHEISSEAUF-
LATEINHEISST

Lehrer holt dich an die Tafel. Du hast keinen Plan. Doch dann: Klingel beendet die Stunde! Erst Euphorie, doch dann die Ernüchterung: Doppelstunde!
#FUCKMYLIFE

Du stehst auf Beccy! Die ganze Klasse weiß es! Zettelchen wandert durch die Klasse zwischen Beccy und Freundin ... du spinkst drauf! „Beccy wusstest du dass Luke auf dich steht?" „Bäh, echt? Der sieht doch voll behindert aus."
#HEARTBREAK
#DUSIEHST-
BEHINDERTAUS

Pausenbrot vergessen! Niemand will dir Geld leihen bis auf die unbeliebten Kids
#MONGO-
INTER-
AKTION
#FUCK-
MYLIFE

Es ist Donnerstag. Mathelehrer ist seit Montag krank! Du hast ihn Freitag in den letzten beiden ... die ganze Klasse hofft auf ein verfrühtes Wochenende. Freitag Morgen steht sein Name nicht mehr auf dem Vertretungsplan ... Unterricht findet statt!
#FUCKMYLIFE
#SCHEISSGRIPPOSTAD

WAS LIEGT AN?

Jedes Bild unseres
Assoziationsrätsels
gibt einen Hinweis,
was wir suchen.
Zusammen sollten
sie genügen.

 +

LÖSUNGSWORT:

(Lösung S. 106)

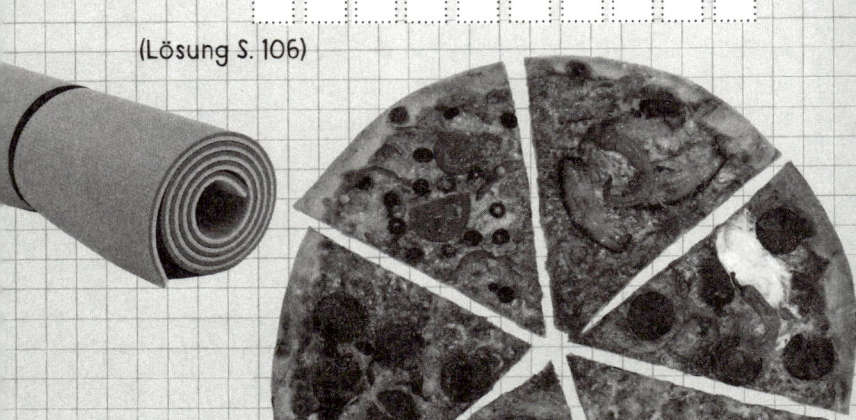

L19 LEHRERTYPEN

Die Lieblings-schüler-Lehrerin

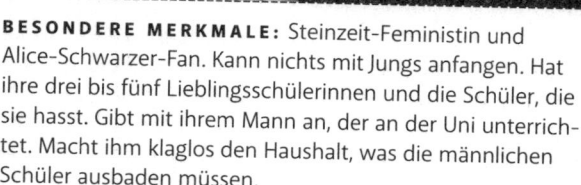

NAME: Meist wie Tier: Frau Schwan, Frau Lämmlein, Frau Fink

ALTER: 52

FÄCHER: Latein, Geschichte, Mathe

AUSSEHEN: Sieht bisschen aus wie eine Eule, Brille, strenge Old-Style-Business-Klamotten

BESONDERE MERKMALE: Steinzeit-Feministin und Alice-Schwarzer-Fan. Kann nichts mit Jungs anfangen. Hat ihre drei bis fünf Lieblingsschülerinnen und die Schüler, die sie hasst. Gibt mit ihrem Mann an, der an der Uni unterrichtet. Macht ihm klaglos den Haushalt, was die männlichen Schüler ausbaden müssen.

ZITATE: „Ich kenne meine Pappenheimer!" • „Antonia, sag bitte du uns, was der Ablativus absolutus ist." • „Ach, Marc, war ja klar, dass du den Vokabeltest mal wieder verhaust."

ZITATE ÜBER SIE: „Die liebt mich voll." • „Die hasst mich voll."

mag die nicht."

Q wie Quantität

„Nicht Quantität, sondern Qualität ist wichtig." HAHA, Bullshit! Bei der Deutschhausaufgabe „Analysiere Schillers ‚Lied von der Glocke'" haben wir die 2-3 Sachen aufgelistet, die wir relevant fanden, und haben dann in ewig langen Sätze das Immergleiche beschrieben, nur um MEHR im Heft zu haben. Damit man, wenn Deutschlehrer XY seine Runde drehte und in die Hefte guckte, ne ganze Seite da stehen hatte und der Lehrer für 2 Sekunden beeindruckt war. Quantität ist auch im Moment unmittelbar nach der Klassenarbeit ein Riesenthema. „Wieviele Seiten hast du geschrieben?" ist natürlich eine Frage, die einen entscheidenden Einfluss auf die dann letztendlich gegebene Note hat. Auch war man immer geschockt, wenn man hörte, dass jemand in einer Klassenarbeit nach „mehr Papier" fragte. Fuck ... hat der schon 3 Seiten vollgeschrieben? Warum ich erst eine? Schreibt der größer? PANIC MODE ON!

Völlig konträr zu meiner These steht die überall erzählte Geschichte einer Philosophieklausur mit der Frage „Was ist Mut?". Worauf ein Schüler schlichtweg schrieb: „Das ist Mut!", den Zettel abgab und eine Eins bekam. Ich weiß nicht, wieviele Klassenkameraden einen älteren Bruder hatten, in dessen Stufe genau das passiert sein soll!

siehe seite 24!

Der Dumme

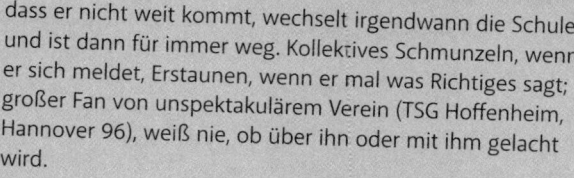

NAME: Marvin, Konsti, Boris

AUSSEHEN: Relativ klein, unsportlich, nichtssagender Gesichtsausdruck, Deppenbrille

---

BELIEBTHEIT: ●●●●○○○○○○

BESONDERE MERKMALE:
Redet Assi, klingt dümmlich – und beim Versuch, seriös zu reden, noch dümmlicher. In der 5. Klasse ist schon klar, dass er nicht weit kommt, wechselt irgendwann die Schule und ist dann für immer weg. Kollektives Schmunzeln, wenn er sich meldet, Erstaunen, wenn er mal was Richtiges sagt; großer Fan von unspektakulärem Verein (TSG Hoffenheim, Hannover 96), weiß nie, ob über ihn oder mit ihm gelacht wird.

ZITATE: „Wie, durch Null darf man nicht teilen?!" • „Wie jetzt?" • „Häh?" • „Ich hab eigentlich voll gut gelernt!"

ZITATE ÜBER IHN: „Alter, ist der dumm!" • „Von Millionen von Spermien war ER der Gewinner?" • „Haha, der hat seinen Spickzettel in seinem Klassenarbeitsheft vergessen!"

LUKES ULTIMATIVER HORROR-ÜBERLEBENS-GUIDE

AN JEDER „GANZ NORMALEN" HIGH SCHOOL IRGENDWO IN OREGON TREIBT IRGENDWANN ZWISCHEN FOOTBALL SEASON UND PROM IMMER NOCH EIN PSYCHOKILLER SEIN UNWESEN. DAS IST IMMER DER, VON DEM ES KEINER GEGLAUBT HÄTTE. FALLS IHR AUCH SO EINE SCHULE BESUCHT, HIER DIE WICHTIGSTEN ÜBERLEBENSTIPPS:

REGEL NO. 1: Zombies sterben durch Kopfschuss, Psychomörder sterben nie!

REGEL NO. 2: „Ihr geht da lang, wir gehen hier lang" ist nie eine gute Idee.

REGEL NO. 3: Den Typen, der „Ich kenne eine Abkürzung" sagt, ignorieren!

REGEL NO. 4: Der verrückte alte Mann, den alle wegen seiner merkwürdigen Thesen auslachen, weiß, wovon er spricht!

REGEL NO. 5: Die Leute von FBI und Polizei können sich nie leiden ... und ihr persönlicher Zwist ist immer wichtiger als deine Zeugenaussage!

REGEL NO. 6: Steht dein Name nicht im Vorspann und ist dein Gesicht nicht auf dem Filmplakat, hast du schlechte Chancen, das Ding zu überleben!

REGEL NO. 7: Hohle Cheerleader, übermotivierte Footballspieler und egoistische reiche Kids haben auch keine Chance!

REGEL NO. 8: Egal ob Kettensägenmörder, blutrünstige Zombies oder Monster ... nichts ist nur annähernd so schlimm wie das 8-jährige Mädchen mit der tiefen Stimme!

REGEL NO. 9: Den Loser und Streber nicht hänseln ... er wird noch sehr wichtig sein!

REGEL NO. 10: Nein, er kommt nicht gleich wieder!

Der/die Alternative

NAME MÄDCHEN: Teresa genannt Tete, Rebecca genannt Beccy, Jasmina genannt Jason

NAME JUNGE: Florian genannt Flo, Fritz genannt Ecki, alternativ wird auch nur sein Nachname gerufen: Schröder, Menzel, Nolbach

---

AUSSEHEN: Jungs lange Haare und Dreitagebart, Mädels kurze Haare, zerrissene Jeans, unzählige Rockfestival-Bänder.

BELIEBTHEIT: ●●●●●●●●●●

BESONDERE MERKMALE: Schmeißt immer gute Parties, sehr beliebt, geht so in der Schule, trinkfest, Festivalgänger, kein Fußballfan, aber St. Pauli-Fan, dreht selbst, kann gut singen, guckt verträumt ins Lagerfeuer, Eltern geschieden

---

ZITATE: „Na, alles fresh?" • „Hehe, sauber!" • „Nee man, geht gar nicht!" • „Ich bin dabei!"

ZITATE ÜBER SIE/IHN: „Der ist echt mega nett!" • „Der Style und so nervt, aber ne echt coole Braut." • „Eigentlich ganz süß, aber bisschen zu zeckig."

L3 LEHRERTYPEN

Der Grapscher

NAME: streng klingend, z.B.
Herr Prenger, Herr Bach, Herr Köster

ALTER: 40+

FÄCHER: Deutsch, Sport,
Geschichte

AUSSEHEN: Groß,
Schnäuzer, Schuppen,
unförmiger Körperbau,
fies. Outfit: In Sport immer derselbe lila Trainingsanzug aus
den 80ern, sonst Hemd in Jeans gestopft.

BESONDERE MERKMALE: Macht Hilfestellung, wo sie
nicht hingehört (Volleyball, Badminton, Deutschunterricht),
macht immer wieder sexistische und rassistische Bemerkungen. Man munkelt, er habe mal auf Klassenfahrt ein
Mädchen begrapscht und sei suspendiert worden. Manche
Mädchen brüsten sich damit, von ihm begrapscht worden
zu sein.

ZITATE: „Jetzt hör auf rumzuzicken, Caro, ich halte dich
schon fest." • „So, Ping-Pong, beim Basketball seht ihr
Chinamänner ganz schön alt aus, wa?"

ZITATE ÜBER IHN: „Der hat dich nicht begrapscht? Mich
schon voll oft!" • „Wenn er nicht auch noch so ekligen
Mundgeruch hätte ..."

R wie Raucherhof

Einer der krassesten Momente meiner Schulzeit war, als ich zum ersten Mal den Raucherhof sah. Ich war 10 Jahre alt, in der 5. Klasse, hatte den Delfin-Scout-Ranzen gegen Eastpak getauscht und war nun auf einer Schule mit diesen Erwachsenen. Die fuhren Roller, waren gefühlte 4 Meter groß und rauchten. Sie sprachen aber nicht darüber, dass sie rauchten, sondern redeten über irgendwas und rauchten dabei – als sei es das Normalste der Welt. Für mich war es der Inbegriff des Erwachsenseins. Den Raucherhof betreten durfte man erst mit 16, aber wir hatten unseren eigenen privaten Raucherhof ... hinter der Turnhalle! Meist mit einer geklauten Zigarette bewaffnet ging es hinter die Turnhalle und zu sechst wurde diese dann mit dem „Mama-kommt"-Trick geraucht. Man zieht an der Kippe und jemand sagt: „Mama kommt!" Man erschrickt – und lernt so, auf Lunge zu rauchen. Die Zigarette wandert im Kreis, einer steht Schmiere, und mit Schwindelgefühl und Belag auf der Zunge geht es zurück in den Unterricht. Falls man erwischt wurde, hieß es: Jeder kämpft für sich allein. Ausgeklügelte Ausreden wie „Ich hab nur gehalten" oder „Nein, wir haben nicht geraucht, wir riechen immer nach einer halben Dose Deo" setzten jeden Lehrer schachmatt! Die haben das voll geglaubt ... voll!

Klassenfahrt

Aus dem Tagebuch eines Lehrers

Mo, 7:21 Noch bin ich der Einzige hier am Schulbus. Schulbus-
fahrer Gerd ist auch da ... er scheint nett zu sein.
Noch ...
Er weiß offenbar nicht, was ihn erwartet. Ich ver-
suche, trotz meiner scheißenden Angst ein Lächeln
aufzusetzen. Eine Woche alleine mit diesen „Kindern"
und als Mitfahrer ist tatsächlich nur „Der Verrückte"
dabei. Wenn das hier gefunden wird, bitte meine Frau
benachrichtigen. Noch ist es still – aber da kommen
die Ersten ... oh nein!

Mo, 10:03 Pause am Rasthof. Sie schreien, sie singen ... sie trinken
aus Colaflaschen. Aber was? Eine klare Flüssigkeit! Wie
kann man nur Wasser in eine Colaflasche umfüllen ...
Ich verstehe sie nicht. Sie reden auch so undeutlich.

Mo, 14:22 Endlich in Berlin. Zimmerverteilung. Horror!
Es ist laut auf den Gängen der Jugendherberge ... so
laut!

Mo, 17:00 Museum ... keine Ahnung, welches.

Mo, 18:30 Abendessen in der Küche der Jugendherberge.
Es gibt Reis mit Hühnerfrikassee. Und da es Geflügel
ist, fliegt es natürlich durch die Gegend.

Di, 03:22 So laut ... Ich will nach Hause.

Di, 8:10 Ich tue so, als hätte ich die Nacht nichts gehört.
Ein Schüler hat Edding im Gesicht.

Di 13:45 Mittagspause am Holocaust-Mahnmal. Schüler machen Modelfotos ... sehr unpassend. Ich tue, als kenne ich sie nicht.

Mi 8:40 Beim Durchzählen fehlen ein Schüler und eine Schülerin. Oh Gott! In neun Monaten sitze ich wohl bei Lanz und muss DAS erklären ...

Mi 17:00 Museumstour. Der Guide übernimmt, ich genieße es, nicht das Kommando zu haben, und bin in Gedanken wieder zuhause bei Mutti.

Do 02:51 Schüler klopft an meine Tür. Er hat immer noch Edding im Gesicht und er wurde mit Bier übergossen. Schade um das schöne Bier ...

Do 16:31 Vermisstes Pärchen taucht wieder auf. Haben Hunger.

Do 19:00 Gleich geht's ins Theater zu Brecht.

Do 20:00 Vorführung beginnt. Ich freu mich auf 2 Stunden Ruhe.

Do 20:03 Stehe mit der gesamten Klasse wieder draußen. Ein brennendes Papierflugzeug mit der Aufschrift „Brecht Fick Dich" hat den Vorhang in Brand gesetzt. Überlasse die Sache der Polizei und gehe in die Kneipe. Treffe dort die halbe Klasse.

Fr 8:30 Rückfahrt! Gut, dass die beiden Idioten heil über die A7 und wieder zurückgekommen sind, bei dem Verkehr. Sie wollten zum McDonald's an der Gegenfahrbahn. Auf den Papierkram mit der Versicherung hätte ich echt keinen Bock gehabt, und auf die Beerdigung mit empörten Eltern auch nicht.

Fr 16:44 Ankunft. Gerd und ich sind die Letzten. Wir nicken uns zu. Ich habe überlebt. Ich will zu Mutti.

Der Coole

NAME: Connor, Ben, Eddie

AUSSEHEN: Gut, guckt meist unbeeindruckt, der Erste mit Bartwuchs, groß, gut gebaut, Loch im Ohr, weil er mit 7 schon einen Ohrring hatte.

BELIEBTHEIT:
●●●●●●●●○○

BESONDERE MERKMALE: Obercool, sehr unbeliebt bei Lehrern, der Erste, der mit dem Auto kommt; hat noch cooleren älteren Bruder, wird bis zur 9. von vielen vergöttert, bleibt dann sitzen und ist irgendwie weg. Hatte auch schonmal „Stress mit den Bullen", keiner weiß, warum; hat jüngere Freundin, deren Eltern ihn hassen.

ZITATE: „Ihr kämt in den Club nie rein. Ist aber cool da." • „Ich geh mit den Kumpels von meinem Bruder auf ne Party."

ZITATE ÜBER IHN: „Der dreht langsam ab, oder?" • „Wer morgens schon bekifft ist, hat in meinem Unterricht nichts zu suchen."

Der „Bei-dem-darfst-du-alles"

NAME: Meist wahllose Zusammen-setzung zweier Begriffe z.B. Hr. Hahn-berg, Hr. Engelmann, Hr. Stockhorst

----

ALTER: Mitte 30 bis Mitte 40

FÄCHER: Reli, Geschichte, Erd-kunde, Pädagogik

AUSSEHEN: Jeans, T-Shirt, Sakko ... trägt jeden Tag das-selbe.

BESONDERE MERKMALE: Er findet, dass Schule ein „repressives System" ist; schreibt NIE einen Test, verteilt nur Einsen und Zweien, legt sich mit Eltern, Kollegen und dem Direktor an, hat extravagantes Hobby (Segeln, Bogenschie-ßen, Skifahren etc.) und man trifft ihn gelegentlich beim Italiener.

ZITATE: „Freunde, das geht auch leiser ... bitte!" • „Also hat heute KEINER die Hausaufgaben gemacht!?" • „Emre? Warum hast du den Mülleimer angezündet? Muss das sein?"

ZITATE ÜBER IHN: „Bei dem kannst du machen, was du willst!" • „Bei dem hat Emre mal nen Mülleimer angezün-det."

S wie Stumpfes Abschreiben

Ohne Abschreiben läuft nichts für die Allermeisten. Man hatte – wie immer – keine Hausaufgaben gemacht, wusste aber, dass sie bei Lehrer XY kontrolliert werden. Also nutzte man entweder die Busfahrt morgens, die langweilige Relistunde oder die 5-Minuten-Pause kurz vor der besagten Stunde. Oft hörte man dann so großartige Dialoge wie : „Ey, hast du Mathe?" – „Ja ... ist aber falsch!" – „Egal, gib trotzdem!" Oder: „Ey, hast du Englisch?" – „Ja, leider nur a) und b) ... ist aber falsch!" – „Egal, gib trotzdem!" So kam es dann, dass

John haves a sisster who work in a office.

total falsche Hausaufgaben komplett abgeschrieben wurden, nur damit man überhaupt was hatte. Die Cooleren machten sich keinen Stress, sondern zeigten einfach alte Hausaufgaben vor, bei denen lediglich das Datum geändert war. Gangster!

John hawes a sisster who workes in a office.

Die Pferdebitch

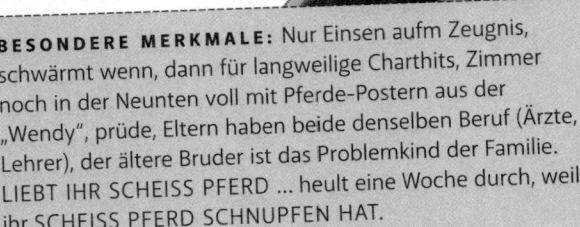

NAME: Bettina, Birke, Antonia, Amelie

AUSSEHEN: Pferdeschwanz, Überbiss, lang und dünn. Outfit: Hochwasserhose, Jungspullover, Westernstiefel. Wird in der Oberstufe plötzlich attraktiv.

BELIEBTHEIT:
●●○○○○○○○○

BESONDERE MERKMALE: Nur Einsen aufm Zeugnis, schwärmt wenn, dann für langweilige Charthits, Zimmer noch in der Neunten voll mit Pferde-Postern aus der „Wendy", prüde, Eltern haben beide denselben Beruf (Ärzte, Lehrer), der ältere Bruder ist das Problemkind der Familie. LIEBT IHR SCHEISS PFERD ... heult eine Woche durch, weil ihr SCHEISS PFERD SCHNUPFEN HAT.

ZITATE: (Redet nur mit Mädels aus ihrer Pferdeclique, deswegen fehlen hier Beispiele.)

ZITATE ÜBER SIE: „Ätsch, du musst neben der sitzen!" • „Die könnte mal geil werden!" • „Boah, die stinkt voll nach Pferd!"

WAS LIEGT AN?

Jedes Bild unseres Assoziationsrätsels
gibt einen Hinweis, was wir suchen.
Zusammen sollten sie genügen.

LÖSUNGSWORT:
(Lösung S. 122)

Schulwechsel –

High-School-Film vs. Reality

High-School-Filme fangen immer mit einem furchtbaren Schulwechsel an: Der Neuling wird mit einem peinlichen Drecks-auto vor die Schule gefahren, die 3er-Cheerleader-Combo (komischerweise immer in der Kack-Uniform) tuschelt erstmal und sagt dann sowas wie „Schicker Wagen, Brillenschlange." Dass der / die Neue mit der Situation über-fordert ist, wird durch einen rempelnden Skateboarder, einen Basketball in die Fres-se oder einfach mit Stolpern unterstrichen. Oder die Football-Wichser tauchen aus dem Nichts auf und schlagen ihm ohne Grund die Bücher aus der Hand.

Chemie (Stoffe, Kern, Breaking Bad, Aggregatzustände, H_2O)

Ich hab auch mal die
Schule gewechselt und
hatte natürlich Panik,
dass das so wird. Was aber
wirklich passiert ist, kennen
wir glaub ich alle. Man kommt an
und checkt sofort ab … aha, das sind
die Coolen, das sind die Schlauen, das sind
die Sportlichen und das sind die Spasten. Und wer ist
als Erstes supernett zu einem? Natürlich Bruno, Eugen
und der Rest der Freak-Show! Auch nachdem ich den
Absprung geschafft hatte, war ich nett zu den
Spasten, bin weiter zu den Quidditch-Turnieren und
Herr-der-Ringe-Kostüm-Pyjamapartys gegangen …
aber halt unter der Bedingung, dass ich Legolas sein
durfte! Und das ist echt ein ernstgemeinter Tipp:
Seid weiterhin nett zu den merkwürdigen Kids, auch
wenn sie Wachsmalstifte essen und nach Pisse riechen!
Denn wenn der Tag X kommt, an dem der Freak mit ner
AK-47 das Klassenzimmer stürmt und das Feuer
eröffnet, links und rechts alle abknallt, dann
wird er an meinen Stuhl kommen und
sagen: „Du musst alleine nach Mordor,
Legolas … viel Glück!"

T WIE TURNHALLE

s. S. 112

Die Turnhalle! Dass wir Achtklässler hinter der Turnhalle rauchten, haben wir schon festgestellt. Aber was passiert im optisch hässlichsten Gebäude des ganzen Schulkomplexes selbst?

Ich weiß nicht wieso, aber irgendwie muss die bloße Nähe einer Turnhalle irgendeine Art Hormon freisetzen, von dem ALLE Mädchen beim Betreten des Gebäudes plötzlich und simultan Unterleibsschmerzen bekommen, so dass sie aussetzen „müssen". Ausnahmen: die Pferdebitch und die Heulsuse.

s. S. 120

s. S. 96

s.S. 72/73

siehe Seite 60

Nach dem Verlassen der mit Axe Moschus verseuchten Umkleide stehen jetzt also 24 hormongetriebene Teens in Fußballtrikots und alten T-Shirts von irgendwelchen Freizeiten und AGs in der Turnhalle und sind bereit für den Sportunterricht. 45 Minuten dauert eine Stunde. Zieht man das Umziehen, die Begrüßung, die Unterleibsausreden und das Deponieren der Wertsachen in diesem mit Leder überzogenen kleinen Sprungkasten ab, bleiben genau 21 Minuten Sportunterricht! Großartig! Junge Sportlehrer versuchen immer, mit internationalen Sportarten wie Indiaka oder traditionellem Eskimo-Fisch- und -Robbenweitwurf die Jugend zu begeistern – mit mäßigem Erfolg. Jungs in Deutschland sind einfach zu 100 % auf Fußball gepolt. Egal welches alternative Sportgerät in die Halle getragen wird – Jungs werden es immer an den Fuß nehmen und bolzen!

Hinter diesem Garagentor in der Sporthalle stehen übrigens nicht nur die exotischen Sportgeräte, sondern auch ein Kasten voll mit Medizinbällen, mit denen schon die Hitlerjungs Fußball gespielt haben, ein völlig verheddertes Volleyballnetz, ein Trampolin, das aus rechtlichen Gründen nicht benutzt werden darf, und 700 Badmintonschläger, die sich super als Gitarren eignen.

Sätze, die man in ...

Cool! In der Arbeit kam alles dran, was wir vorher besprochen haben!

Ich hab meinen Tintenkiller verliehen und zurückbekommen.

Ich finde, die Schulklos sind hygienisch, sauber und voll funktionsfähig! Respekt an die Reinigungskräfte!

FUTUR 2 IST DIE EINFACHSTE ALLER ZEITEN.

Oh nein, der Schlüter ist krank? Hoffentlich wird der bald wieder gesund – ne ganze Woche ohne Physik geht echt nicht.

Können wir auch mal was anderes als Fußball im Sportunterricht spielen?

Die Klingel beendet die Stunde, nicht ich! Deshalb keine Hausaufgaben.

Kaut ihr bitte alle Kaugummis?

Ich finde, man merkt überhaupt nicht, dass Herr Hoverath private Probleme hat.

Herr Schmidt hat gestern fristlos gekündigt; Mathe fällt bis zum Schuljahrsende aus

... der Schule nie hört

Yeah! Chemie!

Ich finde, der Kartenständer wird viel zu oft gebraucht!

Wegen einer Computerpanne werden alle Arbeiten der letzten 12 Monate mit mindestens 7 Punkten bewertet.

Entschuldige, dass wir dich gestern abgezogen haben; hier sind dein Handy zurück und 20 Euro Schmerzensgeld

Könnt ihr bitte laut schnipsen, wenn ihr euch meldet?

Mhhhmm! Ich finde, es war eine gute Entscheidung, sieben Frika-Brötchen vom Hausmeisterkiosk zu essen!

Überraschungs-Vokabeltest? Das ist ja witzig, hab gestern Abend vorm Schlafengehen noch ein paar gelernt.

Der Schwimm-unterricht ist ja noch besser als ein Tag im Freibad.

Morgen abend party bei mir. Die alten sind nicht da! Bringt alk mit. Und wehe, einer sagt thilo bescheid!
Sven

Antworten   Senden

Party beginnt um zehn Uhr abends. Jeder bringt nen Sixer Bier mit, keiner Becher oder Softdrinks. Die ersten Gruppen kommen mit dem Auto, die Fahrer sind als Erste betrunken. In jedem Zimmer spielt andere Musik, kein Lied wird je vollständig zu Ende gespielt, auch zu Balladen wird gepogt. Um zwölf wird Felicitas vom Krankenwagen abgeholt. Im Treppenhaus werden das Flugverhalten und der Splitterradius von Keramikware getestet. Auf der Straße vorm Haus werden Rennen gefahren, als Slalomposten dienen die Nachbars-Mülltonnen. Nicole heult, weil Bruno Sven auf die Nase haut. Sven haut zurück, Bruno kriegt Nasenbluten, der Krankenwagen kommt zum zweiten Mal, diesmal mit Polizei. Musik darf nur noch im Wohnzimmer laufen, hier wird Looping Louie gespielt und Schnaps getrunken. Pascal gewinnt und kotzt als Letzter. Einige wanken nach Hause, die meisten schlafen auf Isomatten und Sesseln.

Der ganz Alte

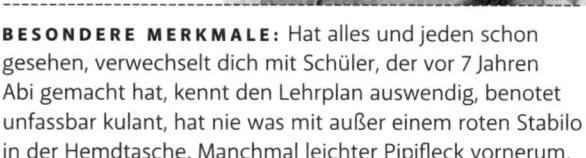

NAME: Leicht naziverdächtig:
Herr Falk, Herr Borman, Herr Kessel

ALTER: 104

FÄCHER: Mathe, Deutsch

AUSSEHEN: alt, grau,
wacklig auf den Beinen.
Outfit: Cordhose,
Pullunder, karierte
Socken, ausge-
latschte Schuhe.

BESONDERE MERKMALE: Hat alles und jeden schon
gesehen, verwechselt dich mit Schüler, der vor 7 Jahren
Abi gemacht hat, kennt den Lehrplan auswendig, benotet
unfassbar kulant, hat nie was mit außer einem roten Stabilo
in der Hemdtasche. Manchmal leichter Pipifleck vornerum.

ZITATE: „Simon, äh Patrik, äh David, ich mein Sabrina ...
genau, Sabrina: Kannst du mal lesen!" • „So ... was haben
wir letzte Stunde gemacht?" • „Früher gab's das alles gar
nicht."

ZITATE ÜBER IHN: „Der is cool." • „Ich hab nie was gemacht und hab immer ne 2 bekommen." • „Der hat schon
meinen Vater unterrichtet." • „Der riecht nach altem Mann."

U wie Ungerechtigkeit

„Life is fair?" Nicht dass ich wüsste. Und warum sollte es ausgerechnet in der Schule anders sein? Klar jammern Sitzenbleiber immer rum: „Ich hab nur ne 5 in Deutsch, weil die Schneider mich nicht mag." Klar! Dass du dreimal ne 5 geschrieben hast und in Chemie, Latein und Mathe auch nicht besser warst, hatte natürlich gar nichts damit zu tun. Die Schneider war's … die Fotze! Aber sicherlich sind Noten und Strafen immer auch subjektiv geprägt. Ich z.B. hab zwar extrem viel Scheiße gebaut, war aber durchaus charmant und präsentierte mich wohlerzogen, was den Lehrern gefiel und mir in der einen oder anderen Situation sicher Probleme erspart hat. Ich hab mich seltenst mit Lehrern angelegt, sondern meine Fehler eingesehen, mich entschuldigt – und dann weitergemacht, sobald sie um die Ecke waren. Andere legen es regelrecht darauf an, die Teacher zu verärgern. Mit „Jetzt lassen Sie mich mal ausreden!", „Das ist echt voll unfair!" und „Malte hat angefangen!" Furchtbar dämlich! Du kannst gegen einen Lehrer nicht gewinnen – und du sollst es auch nicht versuchen! Das mögen die gar nicht. Akzeptier die Hierarchie und du wirst im Zweifel belohnt! Voll das Schleimermotto, ich weiß – aber Lehrer sind auch nur Menschen. Und haben Spaß dabei, einen vorlauten Spacko zu benoten und dabei zu denken: „So! Den fick ich jetzt hart!" Lehrer denken so!

Das Hobby meiner Klassenlehrerin in der 10. Klasse waren: Ameisen! Was für ein krankes Individuum! Aber ich hatte durch Zufall auf Galileo mal was über Ameisen gesehen und hab mich auf der Berlin-Klassenfahrt S. geschlagene siebzehn Minuten lang mit Frau Endberg S. über Ameisen unterhalten. Und mit Fachwissen brilliert. 114

Das hat mir echt den Arsch gerettet, als wir
zwei Tage später morgens um fünf
stockbesoffen aus der Kneipe in die
Jugendherberge kamen!
Die anderen hat sie alle
nach Hause geschickt.

Schule ist ein Spiel –
also spiel es und gewinn es!

Hurra, Klassenarbeit!

Kennst du das, wenn die Aufgabe verteilt ist und du dir denkst: „Cool ... das haben wir durchgenommen ... und ich hab's geübt ... das kann ich! Yeah, das wird easy, Ich schreib ne Hammer-Note!" Kennst du diese Situation? Ich auch nicht!

S.S. 44

Die Klassenarbeit ist der Showdown des (sterbenslangweiligen) Actionfilms namens „Schule". Du gegen den Lehrer, dein Gedächtnis, die fiese Aufgabenstellung, deinen Kater, deinen misstrauischen Banknachbarn, die Uhr – einfach gegen alle!

In dieser ausweglosen Situation muss man auch kleinste Chancen nutzen, um sich einen Vorteil zu verschaffen: Wenn eine Aufgabe nicht ganz klar ist und sich die Schüler nach und nach gaaaanz leise darauf aufmerksam machen – dann ist der Lärm irgendwann so groß, dass sich alle simultan beschweren und der Lehrer mit ins Boot geholt wird. Jetzt hat man ca. 6-15 Sekunden Zeit, um seinen Nachbarn im Schutz des Lärmpegels was zu fragen. Und die 4 Punkte zu sichern. Bis zum nächsten Showdown.

S.S. 119

$$E = m c^2$$

$$m \vec{a} = \sum_{i=1}^{n} \vec{F}_i$$

$$a^2 + b^2 = c^2$$

$$S = \pi R^2$$

$$\pi = 3,1415926$$
$$83279\ 502$$
$$510\ 582097494$$

S15 SCHÜLERTYPEN

Der Klassenclown

NAME: Spitzname z.B. Torte,
Ecki, Socke

AUSSEHEN: körperlich unterlegen,
Gesicht und Ausstrahlung
lustig, extrem normale
Klamotten

BELIEBTHEIT:
●●●●●●●●○○

BESONDERE MERKMALE: Haut immer einen Spruch
raus, kennt schwere Wörter, sehr beliebt, aber hierarchisch
nicht weit oben, bringt sogar Lehrer zum Lachen, schlägt
manchmal über die Stränge, macht lustige Geräusche, ret-
tet lange Busfahrten bei Klassenfahrten, hat super Klassen-
bucheinträge. Macht lieber Witze, als verprügelt zu werden.

ZITATE: „Tschuldigung, ich bin heute Morgen beim An-
ziehen in den Schrank gefallen und ne halbe Stunde durch
Narnia geirrt." • „Gucken wir heute einen Film?" • „Können
wir morgen ins Phantasialand?"

ZITATE ÜBER IHN: „Manchmal nervt der." • „Nein der
Satz des Pythagoras ist nicht ‚Expecto Patronum'!" •
„Florian Eckert schießt zum wiederholten Male mit einem
selbstgebauten Katapult brennende Gummibärchen durch
das Klassenzimmer und brüllt dabei ‚Viva la Revolución'."

WAS LIEGT AN?

Jedes Bild unseres Assoziationsrätsels
gibt einen Hinweis, was wir suchen.
Zusammen sollten sie genügen.

LÖSUNGSWORT:
(Lösung S. 136)

L4 LEHRERTYPEN

Der/die junge Hippe

NAME: Andi Zeppe, Alila Harum

ALTER: Ende 20, Anfang 30

FÄCHER: Erdkunde, Bio, Kunst, Englisch, Deutsch, Musik

AUSSEHEN: Jeans, Chucks, V-Neck-T-Shirts, diese Metall-Schlüsselketten, die an der Hose hängen

---

BESONDERE MERKMALE: Fährt cooles Auto oder kommt immer mit Rad, raucht, surft, redet wie die Schüler, zeigt im Englisch-Unterricht Baz Luhrmanns „Romeo+Julia", macht im Sommer Unterricht draußen. Hat auf Abifahrt was mit Oberstufler/-in. Spielt Bass in einer Band.

ZITATE: „Ja das haben die Capulets einfach nicht ge-checkt!" • „Wisst ihr, was das Coole ist? Ich versuch euch hier auf die Arbeit vorzubereiten, aber ich hab dann Feier-abend, geh 'n Bierchen trinken und alles ist gut. Aber ihr müsst die Arbeit schreiben. Also haut mal rein!"

ZITATE ÜBER SIE/IHN: „Mega Cool!" • „Mir geht der/die ja ein bisschen aufn Sack!" • „Der kam letztens im Poncho in die Schule!" • „Die war auf Klassenfahrt besoffen!"

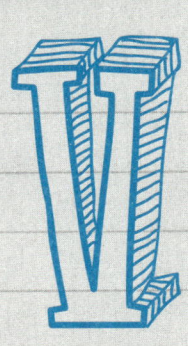

wie Vertretungs-stunde

Der morgendliche Gang zum Vertretungsplan brachte oft Jubel mit sich! „Geil ... der Schlüter ist krank! Doppel Mathe fällt aus ... und wir haben den Schmitz und die Köster als Vertretungslehrer!" Spannend wurde es, wenn ein fremder Lehrer das Klassenzimmer betrat, den manche nur von älteren Geschwistern kannten. Jetzt gab es fünf mögliche Szenarien: S.24!

Monologstil: Vertretungslehrer quatscht nur über sein Fach und man bringt diese Horrorzeit gemeinsam irgendwie rum. **1**

2 **Interaktionsstil:** Das Thema Fußball kommt auf den Tisch und alle Jungs führen mit dem Lehrer eine hitzige Diskussion. Mädchen malen Pferde.

(3)

Scheißegalstil: „Ihr könnt schon mal anfangen, eure Hausaufgaben zu machen." Lehrer holt Buch raus ... T-Minus 45 Minuten und abwarten.

S.S.45

No-Fun-Stil: Strenger Lehrer zieht gnadenlos durch und unterrichtet mehr Stoff, als der kranke Kollege in drei Wochen gemacht hätte.

(4)

(5)

Das Spiel: Black Stories, Improvisationsspiele, Stadt-Land-Fluss und/oder spontane coole Aktionen kamen selten vor, aber sie kamen vor und wurden zum Highlight erklärt. Man hoffte dann, diesen Lehrer irgendwann mal im regulären Unterricht zu bekommen ... leider meist vergebens! Und falls doch: Seine Coolness-Werte kamen nie wieder an jene nach dieser einen Vertretungsstunde heran.

siehe S. 148 + 152 !

Die tickende Zeitbombe

NAME: Wird meist nur mit Nachnamen angesprochen, z.B. der Plitzko, der Zettelmeyer, der Brückner

---

AUSSEHEN: groß, unscheinbar, trägt immer Pullover, immer gleiche Frisur

---

BELIEBTHEIT:
●●●○○○○○○○

BESONDERE MERKMALE: Spricht kaum, spezielle Hobbys (Schach, Tischtennis, Counter-Strike), schwierige Familienverhältnisse. Gegenstand wilder Gerüchte, alle haben ein bisschen Angst vor ihm, trinkt, hat keine wirklichen Freunde, leiht sich dein Playstationspiel und gibt es völlig zerkratzt zurück, tickt 1-2-mal im Jahr komplett aus und schlägt einen drei Jahre Älteren krankenhausreif, hat einen Roller.

ZITATE: „Na warte!" • „Ich hab dein T-Shirt nicht geklaut ... ich hab das gleiche."

ZITATE ÜBER IHN: „Der hat sich aufm Fußballplatz mal fast mit nem Vater geschlagen." • „Ich hab gehört, sein Bruder sitzt im Knast." • „Wenn hier mal jemand Amok läuft, dann der."

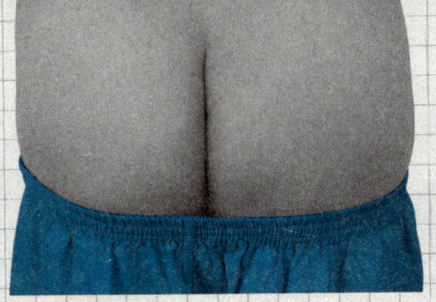

WAS LIEGT AN?

Jedes Bild unseres Assoziationsrätsels gibt einen Hinweis, was wir suchen. Zusammen sollten sie genügen.

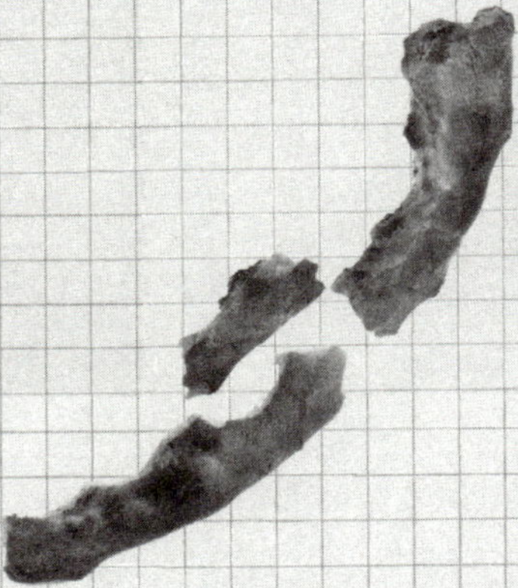

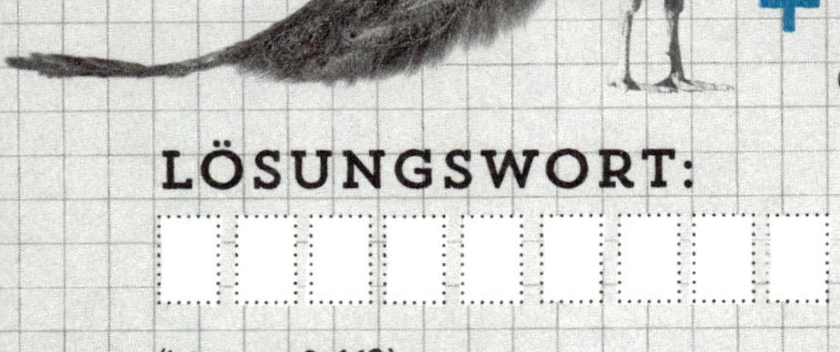

+

LÖSUNGSWORT:

☐☐☐☐☐☐☐☐☐☐☐

(Lösung S. 142)

Der Hundert-Themen-auf-einmal

NAME: Herr Zettelein, Herr Wirre, Herr Beigang

ALTER: 45 and over

FÄCHER: Geschichte, Erdkunde, Politik

AUSSEHEN: Schlicht

BESONDERE MERKMALE: Schweift unglaublich ab – die Stunde beginnt mit den Hugenotten und endet mit einem Ingwer-Kokossuppen-Rezept, viele Interessen, sehr beliebt.

ZITATE: „Da fällt mir ein, ich weiß noch, im Studium hatte ich auch mal so eine Art Frisur." • „Ach gestern das Elfmeterschießen war ja mal allererste Sahne ... meine Frau sagt noch, Schatz, lass ins Bett, die war müde, weil sie den ganzen Tag den Garten gemacht, wir haben ja Tomaten angebaut, wie mein Nachbar, der ja jetzt Pensionär ist, und wenn ich mal Pensionär bin, flieg ich nach Italien."

ZITATE ÜBER IHN: „Unfassbar, was der für ein ADS hat." • „Lass den abschweifen, der kommt dann inhaltlich nie zurück zu den Hausaufgaben."

W

WIE
WEINEN

Es ist uns allen mal passiert: Man musste in der Schule weinen und war danach bei allen Jungs der Pimmel überhaupt! Bei den Mädchen hingegen kam das immer großartig an, und man hatte dann oft eine Schar sensibler Mädchen um sich herum, die sich alle rührend kümmerten. Was die Sache noch viel schlimmer machte. Mal weinte man wegen einer verhauenen Arbeit, mal wegen einer Schlägerei, mal wegen Stress zuhause – es gab jedenfalls immer einen handfesten Grund. Außer bei Bettina! Die Bitch, die IMMER geheult hat. Weil sie eine von 85 Vokabeln nicht sofort wusste! Weil sie im Bus 10 Cent verloren hat! Weil das Ende von Romeo und Julia so traurig ist!

Geographie (Po, (Erd)Kruste, Pfau-Narr (Fauna), (Kontinental)Platte)

Wenn man als Klasse einen harten Ruf hatte und für Aufstände sorgte, kam es auch mal vor, dass Lehrerinnen und Referendare in Tränen ausbrachen. Das Mobbing kochte daraufhin vollends über, und irgendwann stürmte die Lehrerin dann aus der Tür ... gefolgt von Mädchen, die sich um sie kümmerten! In der Rückschau tut mir das auch megaleid, was wir manchen Lehrern angetan haben. Möge die Seele von Referendarin Frau Dahlmaus in Frieden ruhen. Damals fand ich es lustig und hab mitgemacht, weil alle mitgemacht haben. (Klingt ein bisschen wie die Ausreden nach 1945, oder?)

s. S. 66|67

Phasen einer Schülerbeziehung

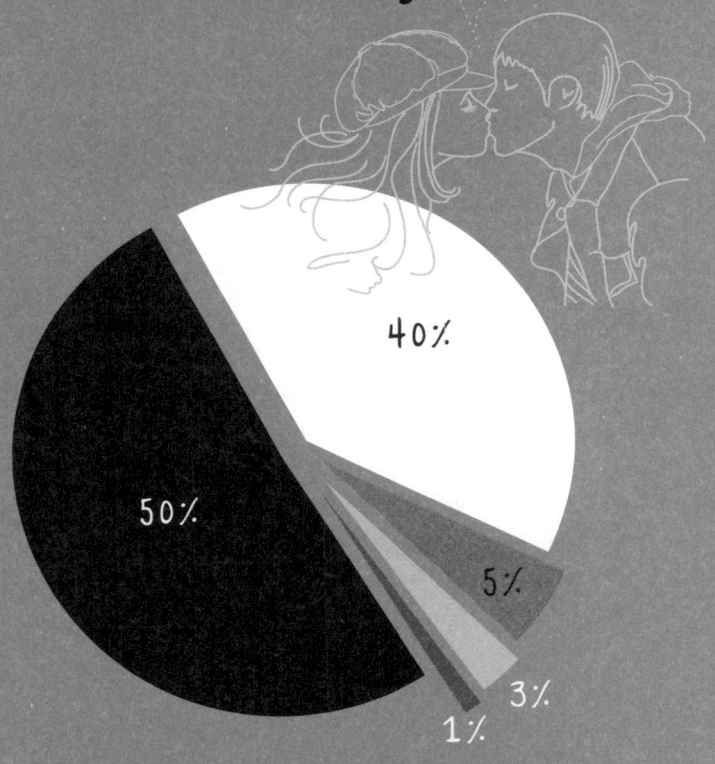

40%

50%

5%

3%

1%

- Sich nicht trauen zu fragen
- Indirekter Kontakt, Freunde handeln Konditionen aus
- Direkter, aber schriftlicher Kontakt (Zettel)
- Wir gehen miteinander
- Er/sie hat Schluss gemacht!!!

Die Petze

NAME: Jana, Maren, Merle

AUSSEHEN: Klein, unsportlich, Topfschnitt, viele Schichten Schals, Mützen, Fäustlinge, Pulli etc. (auch im Sommer)

BELIEBTHEIT:
●●○○○○○○○○

BESONDERE MERK-MALE: Hat nur eine Freundin, redet kaum, nicht besonders gut in der Schule, findet nicht statt, petzt (oft auch ohne wirklich böse Absicht); in der Oberstufe frustrierte Intrigantin.

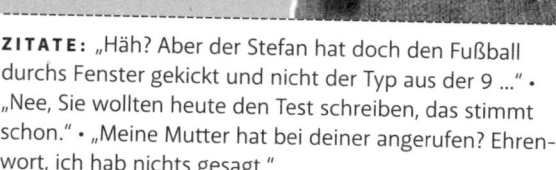

ZITATE: „Häh? Aber der Stefan hat doch den Fußball durchs Fenster gekickt und nicht der Typ aus der 9 ..." • „Nee, Sie wollten heute den Test schreiben, das stimmt schon." • „Meine Mutter hat bei deiner angerufen? Ehrenwort, ich hab nichts gesagt."

ZITATE ÜBER SIE: „Boah, die hat's wieder für alle verkackt!" • „Die ist einfach nur behindert!"

Nicole heult, weil sie
8000 Euro über dem Budget ist. Alle anderen
sind um acht betrunken und strömen um fünf nach
neun in die Disko. Um zehn nach neun trägt kein Junge
mehr ein T-Shirt. Alle Jahrgangsbeziehungen enden an
diesem Abend, 13 neue Paare knutschen, 11 davon sehen
sich das nächste Mal beim Zehnjährigen. Felicitas wird
um halb elf von ihrem Freund abgeholt. Gegen zwei
Uhr nachts crasht der Abi-Jahrgang aus dem Vorjahr
zusammen mit Thilo die Party und trinkt die Schnaps-
bar leer. Bruno blutet aus einer Platzwunde auf der
Stirn, weil er in Pascals Kotze ausgerutscht ist. Leicht-
sinnig erschienener Lehrer wird am nächsten Morgen in
Klopapier eingewickelt im Klo gefunden. Niemand kann
sich am nächsten Morgen erinnern, jeder erzählt von
der legendärsten Party seines Lebens.

L6 LEHRERTYPEN

Der Jähzornige

NAME: Herr Schlachter, Dr. Schlag, Herr Gemeiner

ALTER: über 40

FÄCHER: Mathe, Chemie, Physik, Musik

AUSSEHEN: Klein, grau, war offenbar mal sportlich, jetzt aber Wampe, immer das gleiche Hemd, immer gleiche Hose, immer gleiche Weste, immer gleiche Brille.

BESONDERE MERKMALE: War Gerüchten zufolge mal normal, Alkoholiker, immense private Probleme, Frau und Kinder weg, anscheinend gewalttätig, brüllt viel, wird gern beleidigend, mucksmäuschenstille Schüler im Unterricht, manchmal übertrieben gut drauf, bipolar, auf Klassenfahrt taut er auf.

ZITATE: „IHR HABT DOCH DEN ARSCH OFFEN!" • „Was? WAS HAST DU GESAGT? Deine Eltern tun mir leid!" • „Hey, nicht abschreiben! Und wenn doch: Warum schreibst du bei Luke ab, das bringt doch eh nichts!"

ZITATE ÜBER SIE/IHN: „Ich glaub, der braucht Hilfe!" • „Der war am Samstag völlig besoffen im Irish Pub!"

X wie Xanten

Haha! Bei den meisten ABC-Bullshit-Sendungen auf RTL steht bei X immer irgendwas mit „XXL" und dann irgendein wahllos ausgewähltes Wort! X wie XXL-Schnitzel!! Jumbo Schreiner ist losgezogen ... NOT!!! Nicht bei mir! X steht bei mir ganz klar für die Stadt Xanten! Niemand weiß, wo diese Stadt eigentlich liegen soll, aber bei einer knackigen Runde Stadt-Land-Fluss, bei der man beim stillen ABC-Aufsagen mit Stop-Sagen beim Buchstaben X landet, fällt ohne Ausnahme IMMER folgender Dialog: „A......" „Stopp!" „X!" Alle: „Neeee ... das is zu schwer!" Klugscheißerarschloch in der 3. Reihe: „Doch! Stadt zum Beispiel Xanten!" Lehrer: „Stimmt! Sehr gut, Malte Hurensohn! (Name geändert.) Da stehen alte Römer-Artefakte ... ist übrigens sehr schön da! Schonmal dagewesen?" Malte Hurensohn: „Nein! Aber mein Bruder im Lateinunterricht!" Lehrer: „Schön! Gut, X ist zu schwer ... fangt nochmal an." Schüler 1: „A...." Schüler 2: „Stopp!" Schüler 1: „Ypsilon!" usw.

Ich bin mir ziemlich sicher, was auf dem Ortseingangs-
schild von Xanten steht.

Xanten

Bekannt aus
„Stadt-Land-Fluss"

Was wird aus mir?

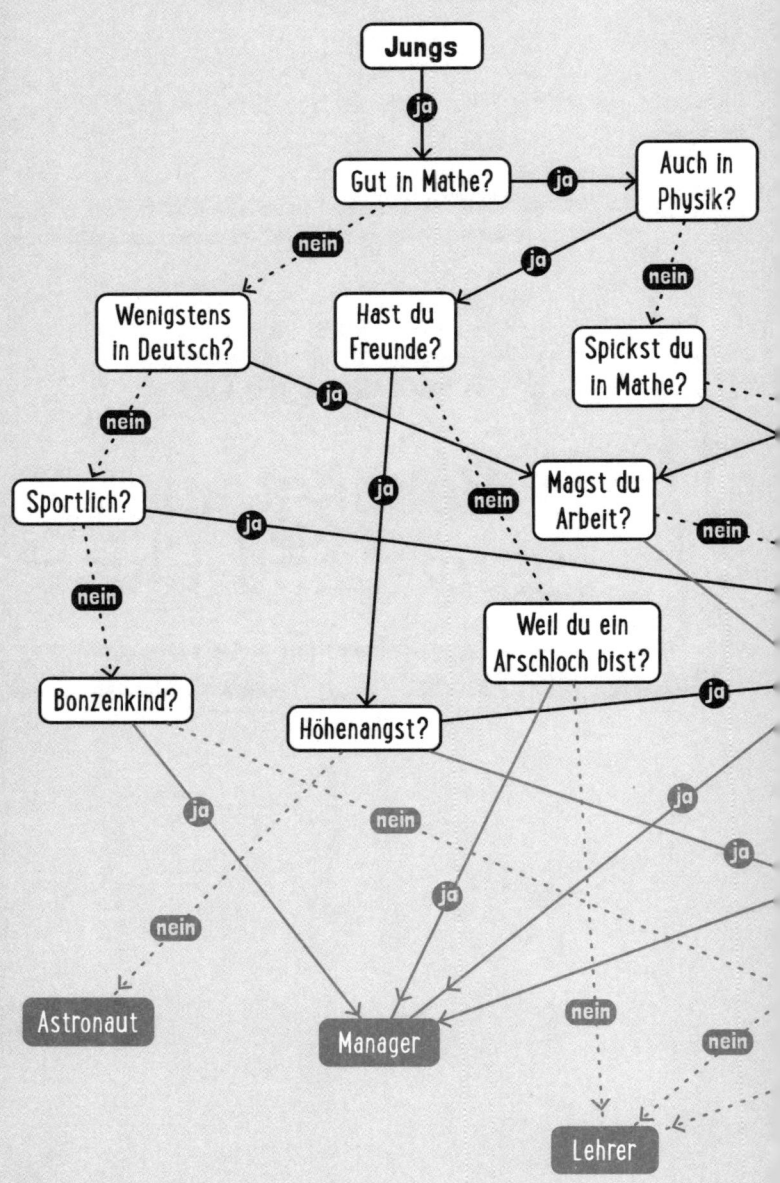

Und was aus mir?

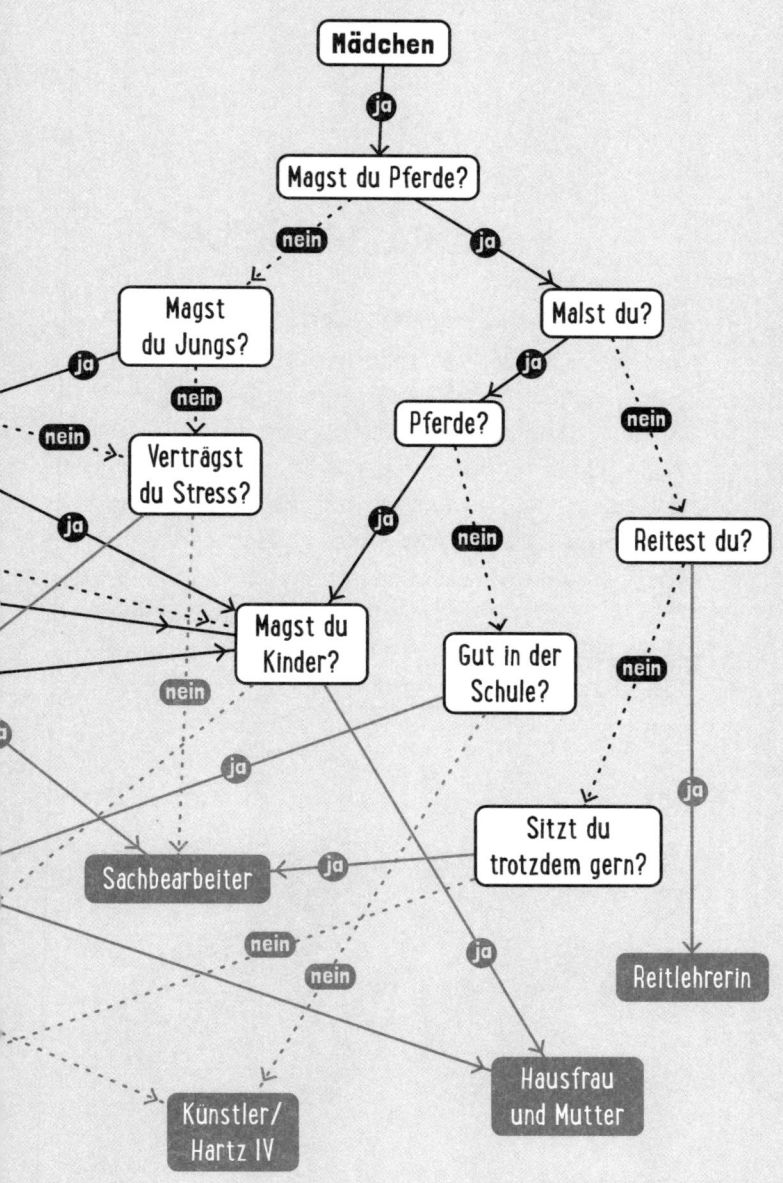

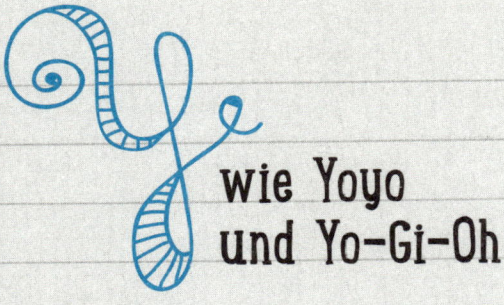

Y wie Yoyo und Yo-Gi-Oh

Y ist auch schwer, Alter! Ich nenn das Kapitel mal Yoyo und Yu-Gi-Oh, weil sie Trends waren. Dazu gehören natürlich auch Tamagotchis, Pokemonkarten, Slime, Pogs usw. Sachen, die so cool waren, dass man sie mit in die Schule nehmen musste! In der Pause wurde dann getauscht, gespielt und geklaut. Tamagotchis musste man sogar im Unterricht füttern, bespassen und die Kacke wegmachen. Ich finde es eigentlich schade, dass man jetzt alles in einem Handy hat und nicht mehr kleine, coole Dinge mit in die Schule schleppt, die die Lehrer zur Weißglut gebracht haben.

Echt bedauernswert waren die Kinder, deren Eltern
Okös oder Sektierer waren, weshalb sie „sowas"
niemals als Spielzeug bekamen. Und wenn sie es beim
Kindergeburtstag unter gütiger Mithilfe der gast-
gebenden Mutter mal als Preis gewannen, wurde es
ihnen zuhause sofort wieder weggenommen. Sogar
das Yoyo (wenn es leuchtete). Nur die Waldorf-Yoyos
aus Holz durften sie behalten.

YOLO

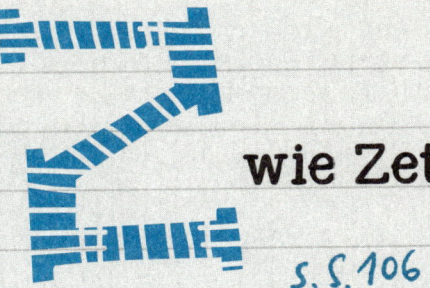

wie Zettel

s. S. 106!

Trotz WhatsApp, SMS, Facebook, Twitter und deiner Mutter hat sich eine analoge Kommunikation immer noch saustark gehalten: der Zettel oder der Motherfucking Zettel, wie ich gerade beschlossen habe zu schreiben, um quantitativ und qualitativ mehr vorweisen zu können. Fragen wie „Heute in die Stadt?", „Willst du mit mir gehen?", „Hast du Bio gemacht?" lassen sich einfach am besten auf einen kleinen Zettel schreiben. Der wird dann mehrfach gefaltet und der Name des Empfängers wird draufgeschrieben. Nun wandert der Zettel durch die Reihen – und tatsächlich guckt NIE einer drauf, für den er nicht gedacht ist. Auch wenn in Schulen oft Anarchie herrscht: Das Postgeheimnis scheint ein sehr ernstgenommenes Relikt zu sein.

Willst du mit mir gehen?

Am meisten bibbert man natürlich, wenn der Zettel dem Mädchen gilt, in das man verknallt ist. Da steht dann ein Herzchen drauf mit deinen und ihren Initialen drin. Und einem Fragezeichen. Oder, ganz mutig: „Liebst du mich auch?"

Blöd, wenn sie dann mehrere Leute fragen muss, ob sie die Schrift entziffern können. Noch blöder, wenn es dann tatsächlich jemand kann. Dann wissen alle Bescheid. Wissen sie aber sowieso, weil Marvin Arschloch genau solche Zettel natürlich doch liest, bevor er sie weitergibt.

Hast du Bio gemacht?

Heute in die Stadt?

Liebst du mich auch?
»♡→

Wer ... mag

	Ballett-maus	Der Dumme	Hip-ster-braut	Der Hoch-begabte	Petze	Emo
Ballett-maus	→←	⚡	→←	→←	BFF	⚡
Der Dumme	⚡	🚬	◐	✎	⚡	💣
Hipster-braut	💣	◐	♥	(♥)	⚡	◐
Der Hoch-begabte	→←	💣	(♥)	◐	💣	?
Petze	♥	(♥)	⚡	(♥)	→←	⚡
Emo	◐	◐	◐	◐	◐	♥
Tickende Zeitbombe	⚡	✊	✊	✊	✊	◐
Pferde-bitch	→←	👄	⚡	→←	BFF	?
Alter-native/r	(♥)	☹	→←	🚬	?	◐
Sportler	♥	💣	♥	✊	💣	?
Bonzen-kind	BFF	⚡	⚡	→←	BFF	⚡
Kevin	✎	🚬	◐	✎	⚡	?

♥ = Sind zusammen | BFF = BFF | ⚡ = Hassen sich |
👄 = Knutschen auf Parties | ✎ = Schreibt ab bei | ◐ = Kommen klar |
🚬 = Hängen zusammen rum | →← = Konkurrent | 💣 = Wurscht |
(♥) = Heimlich verliebt | ✊ = Mobbt | ☹ = Opfer |
? = Kapier ich nicht | ✱ = Schleimt sich ein

... wen?

Tickende Zeitbombe	Pferde-bitch	Alternative/r	Sportler	Bonzenkind	Der Kevin	
(❤)	→←	⚡	❤	BFF	⚡	Ballettmaus
☹	(❤)	✊	(❤)	✏	🚬	Der Dumme
☹	💣	🚬	❤	💣	👄	Hipsterbraut
☹	?	⚫	(❤)	💣	🚬	Der Hochbegabte
☹	BFF	⚡	(❤)	✳	⚡	Petze
⚫	⚫	⚫	⚫	⚫	⚫	Emo
BFF	✊	⚫	⚡	✊	✊	Tickende Zeitbombe
☹	BFF	(❤)	💣	✳	👄	Pferde-bitch
☹	?	🚬	⚫	⚡	⚫	Alternative/r
?	(❤)	⚫	→←	✳	✊	Sportler
☹	→←	⚡	❤	→←	👄	Bonzenkind
☹	✏	⚫	✳	👄	BFF	Kevin

Lesebeispiel: Die Ballettmaus konkurriert mit der Hipsterbraut. Der Hipsterbraut ist die Ballettmaus wurscht.

Die besten Cartoons

Ralph Ruthe
Das Buch Ruthe
Hardcover mit Goldprägung
18,5 x 22,3 cm, 128 Seiten
€(D) 12,90 | €(A) 13,30 | sFr 18,90
ISBN: 978-3-551-68135-5

Y-Titty!

Y-Titty
Das Buch YOLO
Broschur
15 x 21 cm, 160 Seiten
€(D) 12,90 | €(A) 13,30 | sFr 18,90
ISBN: 978-3-551-68427-1

Y-Titty
Nicht-Buch
Taschenbuch
12 x 18,5 cm, 128 Seiten
€(D) 9,95 | €(A) 10,30 | sFr 14,90
ISBN: 978-3-551-68422-6

Bildnachweis

Alle Bilder bis auf S. 2, S. 7, S. 48/49, S. 86 und S. 53 von Shutterstock. Nähere Angaben siehe unten.